AUSLÖSCHEN
KÖNNT IHR SIE NICHT

KAMPAGNE GEGEN
VERSCHWINDENLASSEN
UND POLITISCHEN MORD

AUSLÖSCHEN
KÖNNT IHR SIE NICHT

KAMPAGNE GEGEN
VERSCHWINDENLASSEN
UND POLITISCHEN MORD

ai
amnesty international
FÜR DIE MENSCHENRECHTE

CIP-Titelaufnahme der Deutschen Bibliothek

Auslöschen könnt ihr sie nicht : Kampagne gegen Verschwindenlassen und politischen Mord/Ai, Amnesty International. [Hrsg.: Amnesty International, Sektion der Bundesrepublik Deutschland e.V.]. - 1. Aufl. -
Bonn : Ai, Sekt. der Bundesrepublik Deutschland, 1993
Einheitssacht.: Getting away with murder <dt.>
ISBN 3-89290-031-0
NE: Amnesty International; EST

Fotonachweis: amnesty international S. 23, 28, 43, 80, 81, 86, 87, 95, 105, 109, 111, 121, 138; AP S. 90, 96; ASFADDES S. 119; Developing World Photo S. 115; Jean-Marie Simon S. 11; Jenny Matthews S. 147; J. Reardon/Katz Pictures Ltd. S. 142; P. H. Versele/Photo News/GAMMA S. 51; M. L. Carvalho S. 104; Reuters/Popperfoto S. 39, 46, 59, 92, 112, 149

Sektion der Bundesrepublik Deutschland e.V.
53108 Bonn

1. Auflage Oktober 1993
ai-Index 61001
ISBN 3-89290-031-0
Die englische Originalausgabe ist im Oktober 1993 unter dem Titel „Getting away with murder“ in London erschienen.
Umschlaggestaltung: Thurm - Design, Köln
Gestaltung: kippsatz, Bonn
Druck: Farbo, Köln

Spendenkonto 80 90 100
BDK Duisburg, BLZ 350 601 90

INHALT

Ariel Dorfman

TESTAMENT

Wenn sie dir sagen,
daß ich nicht verhaftet bin,
glaub ihnen nicht.
Eines Tages
werden sie es zugeben müssen.
Wenn sie dir sagen,
daß sie mich freigelassen haben,
glaub ihnen nicht.
Eines Tages
werden sie zugeben müssen,
daß es Lüge ist.
Wenn sie dir sagen,
daß ich die Partei verraten habe,
glaub ihnen nicht.
Eines Tages
werden sie zugeben müssen,
daß ich zu ihr stand.
Wenn sie dir sagen,
daß ich in Frankreich bin,
glaub ihnen nicht,
glaub ihnen nicht, wenn sie dir
einen falschen Ausweis von mir zeigen,
glaub ihnen nicht.
Glaub ihnen nicht, wenn sie dir
das Foto meines Körpers zeigen,
glaub ihnen nicht.

Glaub ihnen nicht, wenn sie dir sagen
daß der Mond der Mond ist,
falls sie dir sagen, daß der Mond der Mond ist,
daß dies meine Stimme auf einem Tonband ist,
daß dies meine Unterschrift auf einem Blatt ist,
wenn sie sagen, daß ein Baum ein Baum ist,
glaub ihnen nicht,
glaub ihnen nicht,
nichts von dem, was sie dir sagen,
nichts von dem, was sie dir schwören,
nichts von dem, was sie dir zeigen,
glaub ihnen.

EINLEITUNG

Tagtäglich werden in weiten Teilen der Welt Menschen von den Regierungen ihrer Länder getötet. Sie geraten zur Zielscheibe staatlicher Morde, weil sie sich politisch engagieren, weil sie einer bestimmten gesellschaftlichen Gruppe angehören oder auch, weil sie zu den ärmsten Schichten der Bevölkerung zählen. Eine andere in vielen Ländern der Erde tagtäglich praktizierte Methode, mißliebige Bürger zum Schweigen zu bringen, ist das „Verschwindenlassen“: Menschen werden von Regierungskräften entführt und in geheime Haft genommen. Ihre Spur verliert sich, so als hätten sie niemals existiert.

Seit den 60er Jahren haben Millionen von Männern, Frauen und Kindern ein solches Schicksal erlitten. Ihr „Verschwinden“ oder ihr Tod ist nicht die Folge kriegerischer Auseinandersetzungen zwischen Staaten, sondern das Ergebnis einer von Regierungen mit Vorsatz verfolgten Politik der Repression. Es sind Regierungen, in deren Auftrag oder mit deren Billigung die genannten menschenrechtsverletzenden Praktiken begangen werden. Staatliche Organe, deren Aufgabe es ist, Leben und Freiheit der Bürger zu schützen, lassen Menschen „verschwinden" oder ermorden.

Mit der Veröffentlichung des vorliegenden Berichts startet amnesty international eine weltweite Kampagne gegen „Verschwindenlassen" und politischen Mord. Es ist nicht die erste Kampagne mit der genannten Zielsetzung. Massaker unvorstellbarer Brutalität und unbeschreiblichen Ausmaßes, wie sie in einigen Teilen der Erde in den 60er und 70er Jahren vor den Augen der Weltöffentlichkeit stattgefunden haben, veranlaßten amnesty international bereits Anfang der 80er Jahre, sich dieser Form der staatlichen Repression entgegenzustellen, sie anzuprangern und mit Nachdruck ihre Beendigung einzufordern.

Allein in Indonesien starben Mitte der 60er Jahre im Zuge „antikommunistischer" Säuberungen mehr als eine halbe Million Menschen. Verantwortlich für die Massaker waren Regierungstruppen und regierungsnahe Milizen. Nach der Machtergreifung von General Pinochet im Jahre 1973 sah sich die Linke in Chile ebenfalls massiver Verfolgung ausgesetzt. Dort fielen mindestens 2000 Menschen dem „Verschwindenlassen" oder staatlichen Morden zum Opfer. Im sogenannten Demokratischen Kamputschea richteten die „Roten Khmer" unter Pol Pot zwischen 1975 und 1979 Massaker unter der Zivilbevölkerung an, die mindestens 300000 Menschenleben forderten. Die in Argentinien Ende der 70er Jahre an der Macht befindlichen Militärs tragen Verantwortung für das „Verschwinden" von mehr als 9000 Menschen. In Äthiopien starben auf dem Höhepunkt des „Roten Terrors" in den Jahren 1977 und 1978 Zehntausende Zivilpersonen. In Uganda schließlich töteten die Truppen Idi Amins zwischen 1972 und 1978 wahllos mehr als eine halbe Million Menschen.

Auch in den 80er Jahren waren politische Morde und „Verschwindenlassen" für die Menschen in weiten Teilen der Welt

Rosario Godoy de Cuevas wurde 1985 in Guatemala entführt und ermordet. Sie hatte sich engagiert für die Aufklärung des Verbleibs „verschwundener" Guatemalteken eingesetzt. Ihr Ehemann, ein aktiver Gewerkschafter, war im Jahr zuvor „verschwunden".

bittere Realität. So gilt inzwischen als gesichert, daß im Irak Hunderttausende Zivilisten – Kurden wie Araber – von den Sicherheitskräften des Landes vorsätzlich getötet worden sind. In Syrien starben bei einem von Regierungstruppen in der Stadt Hama 1982 verübten Massaker mehrere tausend Einwohner. Die Bevölkerung Ugandas mußte nach dem Sturz Idi Amins erleben, daß seine Nachfolger im Präsidentenamt sich derselben Repressionsmuster bedienten und erneut Hunderttausende Menschen ihr Leben verloren. In El Salvador sind nach Schätzungen von Beobachtern während des zwölf Jahre tobenden Bürgerkriegs zwischen 1980 und 1992 insgesamt fast zwei Prozent der Gesamtbevölkerung dem „Verschwindenlassen" oder politischen Morden zum Opfer gefallen. Das guatemaltekische Militär hat im Zuge von Operationen zur Aufstandsbekämpfung ganze Ortschaften dem Erdboden gleichgemacht und Zehntausende indianische Dorfbewohner als potentielle „Subversive“ im Schnellverfahren hingerichtet. Im Tschad wurden während der Regierungszeit von Präsident Hissein Habré in den Jahren 1982 bis 1990 nicht weniger als 40 000 Menschen getötet.

Seit dem Übergang in die 90er Jahre haben sich in zahlreichen Regionen der Welt tiefgreifende politische Veränderungen vollzogen. Militärregimes und Diktaturen mit einem nicht enden wollenden Sündenregister in Sachen Menschenrechtsverletzungen wurden von demokratisch gewählten Regierungen abgelöst. In Ländern, in denen sich noch vor einem Jahrzehnt die damaligen Machthaber nicht einmal verbal zur Wahrung der Menschenrechte verpflichten wollten, betont man heute deren Bedeutung. Daß in einer Reihe von Ländern innerstaatliche Rechtsvorschriften mit internationalen Menschenrechtsnormen in Einklang gebracht und institutionelle Gremien zum Schutz und zur Förderung der Menschenrechte ins Leben gerufen wurden, ließ Hoffnungen für die Durchsetzung der Menschenrechte aufkeimen. Unter dem Eindruck des Wandels wurde eine „neue Weltordnung“ proklamiert und der Anbruch einer Ära in Aussicht gestellt, in der Regierungen sich gegenüber ihren eigenen Staatsbürgern verantworten müssen und sowohl nach innerstaatlichem als auch nach Völkerrecht für ihr Handeln zur Rechenschaft gezogen werden. Die Wahrung der Menschenrechte, so die vollmundigen Versprechungen, sollte über alle Grenzen hinweg verstärkt eingefordert werden.

Es waren leere Versprechungen, wie der vorliegende Bericht dokumentiert. Nach wie vor werden Jahr für Jahr Zehntausende Menschen von Regierungsagenten ermordet, andere „verschwinden“ spurlos.

Noch immer gibt es eine Reihe von Staaten, in denen die Rechte der Menschen brutal mit Füßen getreten werden, ohne daß die dortigen Machthaber auch nur den Versuch unternehmen, ihre Greueltaten zu bemänteln. Dies gilt beispielsweise für China, Irak und Myanmar. Vielfach aber finden schwerste Menschenrechtsverletzungen in Ländern statt, deren Regierungen gegenüber der eigenen Bevölkerung und der internationalen Staatengemeinschaft den Anschein verantwortlichen menschenrechtlichen Handelns erwecken und die Unantastbarkeit der Würde des Menschen wortreich proklamieren.

In einem Land wie Sri Lanka beispielsweise, formal als parlamentarische Demokratie organisiert, trugen die Sicherheitskräfte im zurückliegenden Jahrzehnt Verantwortung für das „Verschwinden“ und den Tod Zehntausender Menschen. Auch in Kolumbien mit seinen scheinbar demokratischen Regierungsstrukturen können die Sicherheitskräfte seit Jahren nahezu unbehelligt systematisch und auf brutalste Weise gegen die Menschenrechte verstoßen. Auf den Philippinen führen seit 1986 durch Wahlen legitimierte Regierungen die Amtsgeschäfte, und dennoch haben auch dort Regierungstruppen und regierungsnahe Kräfte Hunderte unbewaffnete Zivilisten kaltblütig ermordet. Sämtliche seit 1980 in Peru amtierenden Zivilregierungen haben sich zwar verbal dem Schutz der Menschenrechte verpflichtet, die Realität jedoch belegt, daß ihre Versprechungen kaum mehr als Worthülsen waren. In dem südamerikanischen Staat sind im letzten Jahrzehnt Zehntausende Menschen politischen Morden zum Opfer gefallen.

In einer Reihe von Ländern, in denen innerstaatliche bewaffnete Konflikte endgültig beigelegt schienen oder in denen politische Reformen auf den Weg gebracht worden waren, bestanden zunächst berechtigte Hoffnungen auf eine Verbesserung der Menschenrechtssituation. Tatsächlich jedoch hielten dort die Menschenrechtsverletzungen unvermindert an, zum Teil eskalierten sie sogar. In Angola beispielsweise blieb das 1991 zwischen der Regierung von Präsident José Eduardo dos Santos und der oppositionellen Nationalen Union für die Vollständige Unabhängigkeit Angolas vereinbarte Friedensabkommen in seiner Substanz gefährdet, da beide Parteien wiederholt für politische Gewaltakte verantwortlich zeichneten und sich massiver Verstöße gegen die Menschenrechte schuldig machten. In Kambodscha, wo im Mai 1993 unter Aufsicht der Vereinten Nationen allgemeine Wahlen stattfanden, war bereits Mitte 1992 ein krasser Anstieg der Zahl politischer Morde zu verzeichnen. Im Vorfeld der Wahlen spitzte sich die Situation nochmals zu, und auch nach dem Urnengang ging das Morden unvermindert weiter. Der Reformprozeß in Südafrika, 1990 mit dem erklärten Ziel der Überwindung des Apartheid-Systems in Gang gesetzt, blieb überschattet von einer Welle entsetzlichen Blutvergießens. Rund 10 000 südafrikanische Bürger haben seitdem ihr Leben verloren. Für ihren Tod trifft die Sicherheitskräfte des Landes vielfach direkte Verantwortung, meist aber sind es bewaffnete Gruppen, die mit Wissen und Billigung der Ordnungskräfte ihre vermeintlichen oder tatsächlichen politischen Gegner ermorden.

In mehreren anderen Staaten ist in den 90er Jahren eine drastische Verschlechterung der Menschenrechtssituation zu verzeichnen. Die aus dem ehemaligen Jugoslawien eintreffenden Meldungen lassen eine Menschenrechtstragödie kaum vorstellbaren Ausmaßes erahnen. Dort wurden seit dem Auseinanderbrechen des Vielvölkerstaates Tausende Zivilisten von Angehörigen serbischer und kroatischer Kräfte sowie von Truppen der moslemischen Bosnier im Zuge der Auseinandersetzungen vorsätzlich und willkürlich getötet. Leidtragende sind vor allem die Bewohner Bosnien-Herzegowinas, wo seit April 1992 der bewaffnete Konflikt mit menschenverachtender Härte ausgetragen wird.

Die algerische Regierung hat sich in jüngster Zeit zunehmend repressiver Methoden bedient, um der von islamischen Gruppen ausgehenden Gewalt zu begegnen. Allein im ersten Halbjahr 1993 wurden in dem nordafrikanischen Land mehr als 300 Regierungsgegner und andere Personen von den Sicherheitskräften getötet, einige allen Erkenntnissen zufolge jenseits von Recht und Gesetz. Sie wurden Opfer der staatlichen Reaktion auf die steigende Zahl von Attentaten seitens islamischer

Fundamentalisten. Auch in Ägypten und in der Türkei, wo bewaffnete Oppositionsgruppen verstärkt in Erscheinung traten und mit Mordanschlägen die Durchsetzung ihrer Ziele voranzutreiben versuchten, ist die Zahl der staatlichen Morde seit 1992 sprunghaft gestiegen.

In nahezu allen genannten Staaten existieren justizielle und politische Institutionen mit dem Auftrag zu gewährleisten, daß die für Menschenrechtsverletzungen Verantwortlichen zur Rechenschaft gezogen werden. Immer wieder ist jedoch zu beobachten, daß es Regierungen am politischen Willen mangelt, Verstöße gegen die Menschenrechte unerbittlich zu ahnden und die Täter vor Gericht zur Verantwortung zu ziehen.

Angesichts des derzeitigen weltpolitischen Klimas, in dem in den zwischenstaatlichen Beziehungen Menschenrechtsthemen zunehmend an Bedeutung gewinnen, versuchen überdies viele Regierungen, gegenüber der internationalen Gemeinschaft einen guten Ruf in Sachen Menschenrechte zu erwerben, indem sie zu spitzfindigen Wortklaubereien, offenen Lügen oder verdeckten Repressionsmethoden Zuflucht nehmen, um den fortgesetzten staatlichen Terror gegen die eigene Bevölkerung zu kaschieren.

Einige Regierungen lassen ihnen mißliebige Bürger ermorden und anschließend jede Spur des Verbrechens verwischen. Tötungen werden des Nachts verübt, wenn das Opfer sich allein in seiner Wohnung befindet und keine Zeugen anwesend sind. Um eine Identifizierung der Toten zu verhindern, werden die Leichen bis zur Unkenntlichkeit verstümmelt und in geheimen Gräbern verscharrt. In Ländern wie Afghanistan, Äthiopien, Eritrea und Irak, Simbabwe und Tschad beispielsweise wurden in jüngster Zeit Massengräber entdeckt, die die sterblichen Überreste Tausender Opfer politischer Morde bargen.

Oft geben Regierungen unwahre oder verzerrte Darstellungen des Mordhergangs, um von den eigentlichen Tätern abzulenken. Sie behaupten beispielsweise, bei den Mördern handele es sich um Angehörige ziviler Kräfte, die sich jeglicher staatlichen Kontrolle entzögen. Zunehmend treten jedoch Beweise dafür zutage, daß diese vorgeblich zivilen Gruppen vielfach eng mit den staatlichen Organen zusammenarbeiten oder sich sogar aus Mitgliedern der offiziellen Sicherheitskräfte rekrutieren. Auf den Philippinen und in Peru etwa führen von Regierungsseite geförderte und unterstützte zivile Verteidigungsmilizen gemeinsam mit den regulären Streitkräften Operationen durch. Die Behörden in Sri Lanka und mehreren lateinamerikanischen Ländern machen angeblich nicht näher identifizierbare „Todesschwadronen" für politische Morde verantwortlich. Tatsächlich jedoch setzen sich diese Gruppen aus Angehörigen der Streitkräfte zusammen oder genießen zumindest deren Unterstützung. In Südafrika beispielsweise verdichten sich Verdachtsmomente, daß es sich bei den von sogenannten „Mordkommandos" verübten politisch motivierten Tötungen in Wirklichkeit um verdeckte Operationen von Polizei und Militär handelt.

Häufig bilden bewaffnete Konflikte nicht nur den Kontext, in dem Regierungskräfte Massaker verüben, sie müssen oftmals auch als Vorwand in der Argumentation herhalten. So rechtfertigen Behördenvertreter Todesfälle unter der Zivilbevölkerung als unvermeidbare Folge von Operationen zur Aufstandsbekämpfung. Massentötungen durch die Sicherheitkräfte werden Rebelleneinheiten oder Gruppen von Aufständischen angelastet. Von Gefangenen wird behauptet, sie seien bei einem Fluchtversuch ums Leben gekommen. Da neutrale Beobachter in der Regel nur eingeschränkt Zugang zu den Konfliktgebieten erhalten, erweist es sich als äußerst schwierig, die Wahrheit über das, was tatsächlich vorgefallen ist, ans Tageslicht zu fördern. Daß Regierungen unter einem solchen Deckmantel des Schweigens wenig Druck verspüren, Menschenrechtsverletzungen Einhalt zu gebieten, darf nicht weiter verwundern.

In einer Reihe von Staaten sehen sich Regierungen mit bewaffneten Oppositionsgruppen konfrontiert, die mit Terroranschlägen und vorsätzlichen Tötungen ihre Ziele durchzusetzen erhoffen. Anstatt jedoch in verantwortungsbewußter Weise die von den Aufständischen ausgehende Gewalt zurückzudrängen und einzudämmen, bedienen sich staatliche Stellen allzuoft schändlichster Repressionsmethoden, die sie zudem noch mit dem Verweis auf Rebellenaktivitäten glauben rechtfertigen zu können. Mit ihrem menschenverachtenden Handeln bewirken sie aber eher, daß sich die Fronten unversöhnlich verhärten und ein dauerhafter Frieden in weite Ferne rückt.

Anzumerken ist in diesem Zusammenhang aber auch, daß gerade in Ländern, in denen neutrale Beobachter kaum Anzeichen für eine bewaffnete Konfliktsituation ausmachen konnten, die staatliche Repression in Form politischer Morde und des „Verschwindenlassens" oftmals besonders brutale und maßlose Züge angenommen hat. Die guatemaltekische Armee beispielsweise hat seit den 60er Jahren im Rahmen wiederholter, von offizieller Seite mit Guerilla-Aktivitäten begründeter militärischer Offensiven Zehntausende Menschen ermordet, obwohl die in weiten Phasen zersplitterte Guerillabewegung in Guatemala über Jahre hinweg keine ernsthafte Bedrohung für die amtierenden Regierungen darstellte. In Irak gehen die Sicherheitskräfte selbst in denjenigen Landesteilen, in denen der staatliche Terror bereits jedwede aktive Opposition zerschlagen hat, weiterhin mit unverminderter Härte gegen die dort lebende Bevölkerung vor.

Vielfach bemänteln Regierungen politische Morde als das Ergebnis legitimen Handelns durch die zuständigen Gesetzesvollzugsorgane. So wird die Hinrichtung von Menschen ohne jedes vorherige Gerichtsverfahren oder nach im Schnellverfahren geführten Geheimprozessen – obwohl internationalen Menschenrechtsnormen Hohn sprechend – als rechtmäßiges staatliches Handeln ausgegeben. Die Geheimhaltungspolitik der iranischen Regierung etwa hat bis heute verhindert, darüber Aufschluß zu erzielen, ob den mindestens 2500 Exekutionen im Jahre 1988, die willkürlich und im Schnellverfahren erfolgt sind, in irgendeiner Form ordentliche Prozesse vorausgegangen sind.

In einer Reihe von Staaten gehen Polizei und Sicherheitskräfte routinemäßig mit grob exzessiver Gewalt gegen die Teilnehmer von Demonstrationen und Protestveranstaltungen vor, wobei sie häufig mit Vorsatz unbewaffnete Zivilisten töten. In den amtlichen Verlautbarungen heißt es dann anschließend meist, die Gewalt sei von den Demonstranten ausgegangen.

Die von offiziellen Stellen errichteten Lügengebäude und die immer subtileren Repressionsmethoden lassen das wahre Ausmaß des fortgesetzten staatlichen Terrors seit Propagierung der „neuen Weltordnung" nur erahnen. In Ländern, in denen politische Morde bereits seit Jahrzehnten für die Bevölkerung bittere Realität bedeuten, geht das Töten unvermindert weiter. Aber auch in zahlreichen anderen Staaten, wie beispielsweise Burundi, China, Indonesien, Somalia und Sudan, sind in den letzten Jahren Hunderttausende Menschen dem „Verschwindenlassen" oder extralegalen Hinrichtungen zum Opfer gefallen. Seit Anfang 1992 hat amnesty international von derart menschenrechtsverletzenden Praktiken in insgesamt mehr als 60 Ländern Kenntnis erhalten.

Diesen deprimierenden Zahlen stehen erfreulicherweise auch positive Entwicklungen gegenüber. So hat sich in einigen Staaten wie etwa Chile und Simbabwe die Menschenrechtssituation grundlegend verbessert, auch wenn dort vereinzelt weiterhin Übergriffe durch staatliche Organe begangen werden und die betroffenen Regierungen sich der kritischen Frage stellen müssen, warum sie keine Aufklärung in das Schicksal der in der Vergangenheit „verschwundenen" oder extralegal hingerichteten Personen bringen und die für derartige verbrecherische Praktiken Verantwortlichen nicht vor Gericht zur Rechenschaft gezogen werden. In anderen Ländern ist anzuerkennen, daß dort neugewählte Regierungen ernsthafte Anstrengungen unternommen haben, um verfestigte Muster von

Menschenrechtsverletzungen aufzubrechen und den Schutz der Menschenrechte voranzubringen.

In den internationalen Beziehungen spielt die Frage der Menschenrechte inzwischen eine Rolle wie niemals zuvor, was sich unter anderem in der Ausarbeitung zusätzlicher Abkommen und anderweitiger Instrumente zum Schutz der Menschenrechte widerspiegelt. Die meisten Regierungen haben diesen Vertragswerken und Normen formal ihre Zustimmung gegeben und sich damit verpflichtet, die in ihnen geschützten Menschenrechte zu achten.

Die letztgenannten Trends und Entwicklungen könnten Anlaß zu großer Hoffnung und zu optimistischer Betrachtungsweise sein, würden sie nicht von der Realität nahezu vollständig überschattet. Sie werden solange die Ausnahme bleiben, wie Regierungen weiterhin ungestraft Schindluder mit den Menschenrechten treiben können, während die internationale Staatengemeinschaft gleichgültig zuschaut.

Für die Opfer und ihre Familien, für alle, die ständig um ihr Leben bangen müssen, ist es von ausschlaggebender Bedeutung, daß die Weltöffentlichkeit wachgerüttelt wird, daß sie nicht weiterhin die Augen vor dem fortgesetzten Morden verschließt. Für Menschenrechtsorganisationen besteht eine wesentliche Aufgabe darin, die von Regierungen verübten Greueltaten publik zu machen und die offiziellen Lügengebäude, die Menschenrechtsverbrechen hinter einem Schleier der Desinformation und der unaufrichtigen Versprechungen verbergen, zum Einsturz zu bringen.

Mit dem vorliegenden Bericht möchte amnesty international dem Leser die Schicksale von Menschen vor Augen führen, deren Leiden die Lügenpropaganda der Machthabenden vergessen machen will. Daß es dazu nicht kommt, ist Ziel dieser Veröffentlichung. amnesty international ruft zum Handeln auf, damit überall auf der Welt den für das „Verschwindenlassen“ und politische Morde Verantwortlichen endlich ihr schmutziges Handwerk gelegt wird.

Das Aufbrechen nationalistischer, sezessionistischer, ethnischer oder religiös bedingter Konflikte in nahezu allen Regionen unseres Erdballs birgt die Gefahr einer endlosen Spirale der Gewalt und des Blutvergießens in sich. Bislang hat die internationale Gemeinschaft wenig Bereitschaft erkennen lassen oder sich als unfähig erwiesen, dem Unrecht und dem staatlichen Terror Einhalt zu gebieten. Wenn nicht unverzüglich gehandelt wird, um dem „Verschwindenlassen“ und politischen Morden, wo immer derartige menschenrechtsverletzende Praktiken begangen werden, entgegenzutreten, ist zu befürchten, daß die unter dem Eindruck der Schrecken des Zweiten Weltkriegs zur universellen Durchsetzung der Menschenrechte geschaffenen Institutionen dem zunehmenden Blutvergießen hilflos zuschauen müssen. Die Leidtragenden wären überall Männer, Frauen und Kinder gleichermaßen.

Menschenrechtsverletzungen unterliegen keineswegs dem Gesetz der Zwangsläufigkeit. Sie sind das Ergebnis bewußter Entscheidungen oder opportunistischer Erwägungen staatlicher Funktionsträger, deren Handeln an den Pranger der öffentlichen Kritik gestellt und die durch weltweiten Druck zu einer Umkehr ihrer Politik und zur Einhaltung der Menschenrechte gezwungen werden müssen.

Um dieses Ziel zu erreichen, ruft amnesty international die Menschen rund um den Erdball auf, sich an der Kampagne der Organisation gegen „Verschwindenlassen“ und politische Morde zu beteiligen. Wir sind überzeugt davon, in gemeinsamer Anstrengung den staatlichen Terror beenden und eine wirkliche „neue Weltordnung“ errichten zu können, in der grundlegende Menschenrechte nicht nur für einige wenige privilegierte Kreise, sondern für alle Bürger gleichermaßen Geltung besitzen.

DER TERROR

WAS BEDEUTEN „VERSCHWINDENLASSEN" UND POLITISCHER MORD?

In den frühen Morgenstunden des 18. Juli 1992 drangen Soldaten auf das Gelände der am Rande der peruanischen Hauptstadt Lima gelegenen Universität La Cantuta vor und zwangen mehrere der anwesenden Studenten, sich mit dem Gesicht nach unten auf den Boden zu legen. Anschließend griffen sie sich mindestens neun junge Männer und Frauen heraus und führten sie gewaltsam ab. Ähnlich erging es dem auf dem Campus lebenden Dozenten Hugo Muñoz Sánchez. Er wurde von Männern, die ihre Gesichter unter Kapuzen verborgen hatten, aus seiner Wohnung gezerrt, geknebelt und abtransportiert. Von den Verschleppten fehlt seitdem jede Spur. Sie sind „verschwunden".

Der Begriff des „Verschwindenlassens" bezeichnet eine Situation, in der berechtigte Gründe für die Annahme vorliegen, daß eine Person von Regierungskräften oder mit deren ausdrücklicher oder stillschweigender Billigung in Gewahrsam genommen wurde, die Behörden jedoch anschließend jegliche Kenntnis über Schicksal oder Verbleib des Opfers bestreiten.

Auf die in Peru verschleppten Studenten und den Dozenten Hugo Muñoz Sánchez trifft diese Definition in vollem Umfang zu. So besteht kein Zweifel daran, daß sie von Soldaten festgenommen worden sind. Dennoch scheiterte ein zugunsten der „Verschwundenen" eingereichter Haftprüfungsantrag an der Rechtsauslegung des zuständigen Richters, welcher den Standpunkt vertrat, der Antrag sei unbegründet. Seine Argumentation: Das Militär bestreite, die vermißten Personen auf einem der beiden Stützpunkte, von dem aus Soldaten üblicherweise Verhaftungen vornehmen, in Gewahrsam zu halten. Überdies würden die Haftregister beider Militärbasen keinen der fraglichen Namen aufweisen. Erst die Aussage eines ranghohen Armeeoffiziers, der eine Sondereinheit des militärischen Nachrichtendienstes für die Entführung und anschließende Ermordung der Universitätsangehörigen verantwortlich machte, führte ein Jahr später auf die Spur der Opfer. Im Juli 1993 wurden im Beisein unter anderem forensischer Pathologen und eines Ermittlungsteams von amnesty international die Leichen der Studenten und des Dozenten aus vier Massengräbern unweit der Hauptstadt Lima geborgen.

Der geschilderte Fall aus Peru führt in aller Deutlichkeit die Ohnmacht der Opfer vor Augen und läßt die traumatische Situation, in der sich die Familien „Verschwundener" befinden, erahnen.

Das „Verschwindenlassen" ist kein zufälliger oder unbeabsichtigter Vorgang. Dahinter steckt ein hoher Grad an Planung und Organisation mit einer Vielzahl von Tätern und Mitwissern in den Reihen der Behörden. Da sind diejenigen, die entscheiden, welche Person „verschwinden" soll. Es bedarf aus-

Angehörige von „Verschwundenen" im Büro der GAM in Guatemala-Stadt vor einer Wand mit Fotos „verschwundener" Menschen.

führender Kräfte, die anschließend die Verhaftung des Opfers vornehmen. Um die Spur des Festgenommenen zu verwischen und die Tat als solche zu verschleiern, muß ein ausgeklügeltes System der Geheimhaltung aufrechterhalten werden. Nicht zuletzt benötigt man die Dienste einer Vielzahl von Handlangern in den verschiedenen Behördenhierarchien, um Nachforschungen von Familien und Freunden, von Rechtsanwälten und Menschenrechtsaktivisten nach dem Verbleib „verschwundener" Personen zu hintertreiben.

Das „Verschwindenlassen" ist in jeder Phase von einem Schleier der Geheimhaltung umgeben. Oft werden die Opfer von verdeckt operierenden Geheimdiensteinheiten ausgewählt und aufgespürt. Daß die in Lima verschleppten Studenten selektiv aus einer ganzen Gruppe von Kommilitonen herausgegriffen worden sind, läßt beispielsweise darauf schließen, daß die Soldaten über eine vor Beginn der Razzia aufgestellte Liste mit den Namen der Gesuchten verfügten.

Bisweilen entführen oder verhaften uniformierte Regierungskräfte wie etwa Polizeibeamte Menschen auf offener Straße und vor den Augen von Zeugen. Allerdings geschieht dies nur dort, wo sich die Ordnungskräfte unumschränkter Machtbefugnisse sicher wähnen, die ihnen die Gewißheit geben, straffrei agieren zu können. Weitaus häufiger werden Menschen des Nachts verschleppt, wenn niemand zugegen ist, der den Vorfall bezeugen könnte. Oder aber die Entführer tarnen ihre Identität, um von der Verantwortung staatlicher Stellen abzulenken.

Spätere Nachforschungen nach dem Verbleib „verschwundener" Personen werden von behördlicher Seite mit allen Mitteln blockiert, Festnahmen rundweg abgeleugnet, Außenstehenden der Zugang zu Haftzentren verwehrt, Familien und Freunde der Opfer bedroht und eingeschüchtert. Nichts bleibt unversucht, die Wahrheit über das verbrecherische Geschehen zu vertuschen.

Das Schicksal „Verschwundener" ist von Land zu Land unterschiedlich. Manche der Opfer werden über viele Jahre hinweg in geheimer Haft gehalten und anschließend ohne jede Erklärung wieder freigelassen. Sehr viel häufiger stellt sich jedoch heraus, daß ursprünglich als „verschwunden" gemeldete Personen später tot aufgefunden werden, daß man sie zu Tode gefoltert oder in anderer Weise extralegal hingerichtet hat. Ihr „Verschwindenlassen" verschleiert den Mord und bietet den offiziellen Stellen eine willkommene Ausflucht, weiterhin jegliche Kenntnis über Schicksal und Verbleib der betroffenen Personen ableugnen zu können.

amnesty international verwendet den Begriff der extralegalen Hinrichtung zur Bezeichnung ungesetzlicher und vorsätzlicher Tötungen, verübt auf Anordnung, mit Beihilfe oder mit Billigung einer Regierung. Im vorliegenden Bericht werden in sinngleicher Bedeutung auch die Termini „staatlicher Mord" und „politischer Mord" gebraucht. Der letztgenannte Begriff umfaßt nicht nur extralegale Hinrichtungen durch Regierungskräfte, sondern darüber hinaus auch vorsätzliche und willkürliche Tötungen durch üblicherweise in Opposition zur Regierung stehende bewaffnete politische Gruppen.

Extralegale Hinrichtungen lassen sich eindeutig von Tötungen abgrenzen, die das Ergebnis legitimer staatlicher Gewaltausübung darstellen oder im Zuge bewaffneter Konflikte von den daran beteiligten Parteien begangen werden und nicht gegen völkerrechtliche Normen verstoßen. Ein Soldat beispielsweise, der in Notwehr einen Menschen erschießt, oder ein Polizist, der tödliche Gewalt anwendet, um andere Menschenleben zu schützen, handelt nach dem Gesetz nicht unrechtmäßig. Auch die Vollstreckung von Todesurteilen, sofern von ordentlichen Gerichten nach fairen Prozessen verhängt, ist formal kein ungesetzlicher Akt. Daß die Todesstrafe nach Überzeugung von amnesty international eine Verletzung fundamentaler Menschenrechte bedeutet, daß sie die äußerste Form grausamer, unmenschlicher und erniedrigender Strafe darstellt, deren weltweite Ächtung erkämpft werden muß, ist Gegenstand einer Vielzahl anderer Veröffentlichungen der Organisation und nicht Thema des vorliegenden Berichts.

Ein gemeinsames und erforderliches Merkmal extralegaler Hinrichtungen ist deren wohldurchdachte Vorbereitung und Ausführung unter direkter Beteiligung oder ausdrücklicher oder stillschweigender Duldung staatlicher Stellen. Macht sich ein Soldat aus persönlichen Beweggründen eines Tötungsdelikts schuldig, für das er anschließend von den dafür zuständigen Strafverfolgungsbehörden seines Landes wie jeder andere unter Mordverdacht stehende Bürger auch zur Rechenschaft gezogen wird, greift der Vorwurf der extralegalen Hinrichtung nicht. Wenn jedoch Tötungen auf offizielle Weisung hin erfolgen, Regierungen als Drahtzieher dahinterstecken oder regierungsnahe Kräfte die Morde verüben, wenn die Behörden keine Bereitschaft zeigen, die Verbrechen aufzuklären und die Täter strafrechtlich zur Verantwortung zu ziehen, handelt es sich ohne jeden Zweifel um extralegale Hinrichtungen.

Ähnlich wie bei der Praxis des „Verschwindenlassens“ müssen sich Regierungen, die politische Morde anordnen oder billigen, den Vorwurf gefallen lassen, daß sie sich nicht nur der Verschwörung zum Gesetzesbruch schuldig machen, sondern auch den Lauf der Gerechtigkeit ins Gegenteil verkehren, indem sie in bewußter Entscheidung die Verfolgung und Ahndung von Verbrechen unterlassen oder sabotieren. Menschenrechtsorganisationen und unabhängige Ermittlungsteams stoßen angesichts einer solchen Situation bei ihren Bemühungen, die Wahrheit über politische Morde und das „Verschwindenlassen“ ans Tageslicht zu fördern, auf schier unüberwindliche Hindernisse. Wesentliches Ziel der Kampagne von amnesty international ist es daher, die amtliche Desinformationspolitik und offiziellen Täuschungsmanöver zu entlarven, um sowohl Regierungen als auch die internationale Staatengemeinschaft zu zwingen, sich ihrer Verantwortung zu stellen und Maßnahmen zur Unterbindung des staatlichen Terrors zu ergreifen.

„VERSCHWINDENLASSEN“

Hunderttausende Menschen überall auf der Welt, aus deren Mitte ein naher Verwandter oder guter Freund von Regierungskräften verschleppt wurde, haben sich ein Gefühl der Hoffnung auf ein Wiedersehen mit der geliebten Person bewahrt, das angesichts der bitteren Realitäten illusorisch erscheinen mag. Doch bisweilen erweisen sich derartige Hoffnungen als durchaus berechtigt, wie das Schicksal der Brüder Bourequat aus Marokko belegt.

Midhat, Bayazid und Ali Bourequat galten seit ihrer Festnahme im Jahre 1973 als „verschwunden“, bis sie im Dezember 1991 plötzlich und unerwartet wieder auftauchten. Sie hatten die Hölle durchlaufen, die letzten zehneinhalb Jahre ihrer Gefangenschaft im geheimen Haftzentrum von Tazmamert, im unwegsamen Atlas-Gebirge gelegen, in unterirdischen Zellen und in völliger Dunkelheit zugebracht. Der Tod war für sie allgegenwärtig. Doch sie haben den Alptraum überlebt.

Die britische Journalistin Caroline Moorehead, die die Brüder Bourequat in den ersten Wochen nach ihrer Freilassung begleitet hat, schreibt:

„Sie lernen nur mühsam und unter Schmerzen wieder laufen. Midhat, der älteste der Brüder, der im nächsten Jahr seinen 60. Geburtstag feiern wird, hat mehr als 25 Zentimeter an Körpergröße eingebüßt. Der Kopf sitzt ihm tief auf den Schultern. Seine Gesichtszüge tragen den Ausdruck ständigen Schmerzes. Der inzwischen 58jährige Bayazid kann sich nur mit Hilfe seiner Arme aufrichten. Mit seinem tiefgekrümmten Rücken wirkt er, als trüge er eine ungeheure Last mit sich. Lediglich Ali, mit seinen 54 Jahren der jüngste der Bourequat-Brüder, ist körperlich in der Lage aufrecht zu stehen, aber auch er macht einen überaus zerbrechlichen Eindruck ... Wohl nur wenige Menschen waren jemals ähnlich harten Haftbedingungen ausgesetzt; noch weniger haben sie überlebt."

So wie Midhat, Bayazid und Ali Bourequat sind in Marokko zwischen 1963 und 1991 mehrere hundert Menschen – vor allem Sahrauis – nach ihrer Verhaftung durch Regierungstruppen dem „Verschwindenlassen" zum Opfer gefallen. Unter dem Druck weltweiter Kampagnen und internationaler Proteste begann die marokkanische Regierung schließlich Anfang 1991 mit der Freilassung von mehr als 300 Gefangenen, die zuvor als „verschwunden" gegolten hatten. Von Hunderten anderen fehlt dagegen bis heute jede Spur. Einige sind womöglich in der Haft gestorben, die meisten jedoch werden vermutlich noch immer in geheimen Gefangenenlagern festgehalten.

Der Begriff des „Verschwindenlassens" fand erstmals 1966 Eingang in die Menschenrechtsterminologie. Er wurde zur Beschreibung einer von der guatemaltekischen Regierung seinerzeit zunehmend praktizierten Form der Repression benutzt, die darin bestand, sich politischer Widersacher in aller

Nachdem sie 18 Jahre lang als „verschwunden" galten, wurden die marokkanischen Brüder Bourequat, hier bei einer Pressekonferenz, im Dezember 1991 aus der Haft entlassen.

Heimlichkeit zu entledigen. Dem unrühmlichen Beispiel Guatemalas folgten alsbald mehrere andere lateinamerikanische Staaten. Seitdem hat die menschenrechtsverletzende Praxis des „Verschwindenlassens" wie eine gräßliche Seuche alle Kontinente erfaßt.

Die in Guatemala 1966 einsetzende Welle des „Verschwindenlassens" und politischer Morde hat allein in den ersten zehn Jahren seriösen Schätzungen zufolge mehr als 20 000 Opfer gefordert. Und der staatliche Terror, verbreitet von „Todesschwadronen", zivilen Hilfsstreitkräften und regulären Polizei- und Militäreinheiten dauert bis in die heutige Zeit an – mit weiteren Zehntausenden von Opfern.

In Peru bildete sich das „Verschwindenlassen" als systematische Form der Repression 1983 heraus. Seitdem sind dort nahezu tagtäglich Menschen „verschwunden". Die von amnesty international in den letzten zehn Jahren recherchierten und dokumentierten mehr als 4300 Fälle können das tatsächliche Ausmaß des Problems kaum mehr als andeuten.

Auch in anderen als lateinamerikanischen Ländern, in Sri Lanka und Irak beispielsweise, haben sich die dortigen Machthaber in brutaler Weise und erschreckendem Ausmaß der Methode des „Verschwindenlassens“ bedient, um oppositionelle Bestrebungen zu unterdrücken. Die Zahl der seit 1980 in Irak „Verschwundenen“ etwa hat die schwindelerregende Größenordnung von mehreren Hunderttausend erreicht. Auf der endlosen Liste der Opfer finden sich die Namen von Kurden und Arabern, Turkmenen und Assyrern, von Christen und von Moslems sowohl der sunnitischen als auch der schiitischen Glaubensrichtung. Das gleiche Schicksal traf Mitglieder verbotener politischer Parteien und deren Familien, als Regierungsgegner verdächtigte Personen, im aktiven Dienst stehende Militärs und fahnenflüchtige Soldaten, aufbegehrende Bürger aus Kreisen der gesellschaftlichen Elite, Familienangehörige deportierter Personen und Menschen, die den von offizieller Seite verkündeten Amnestien Glauben geschenkt hatten und freiwillig aus dem Exil in ihre Heimat zurückgekehrt waren.

Mit besonderer Härte geht die Regierung in Bagdad gegen die kurdische Bevölkerung des Landes vor. 1983 beispielsweise wurden in der Nähe von Arbil nicht weniger als 8000 männliche Angehörige des Barzani-Clans – vom achtjährigen Jungen bis zum 70jährigen Greis – verhaftet, deren Schicksal seitdem im dunkeln liegt. Einen Monat nach der Festnahmewelle äußerte sich Präsident Saddam Hussein zu dem Vorgehen seiner Ordnungskräfte mit den Worten: „Die Verhafteten wurden schwer bestraft. Man hat sie in die Hölle geschickt.“

Fünf Jahre später startete die irakische Regierung unter der Bezeichnung „Operation Anfal“ eine erneute Offensive gegen die kurdische Bevölkerung. Es war der Versuch, die Kurden ein für allemal in ihrer Identität zu zerstören und ihre Lebensweise auszurotten. Damals fielen Regierungstruppen in Hunderte kurdische Ortschaften ein und verschleppten deren Bewohner, darunter ganze Familien. In einem Zeitraum von kaum mehr als vier Monaten fielen mindestens 100 000 Kurden dem „Verschwindenlassen" zum Opfer. Inzwischen gilt als gesichert, daß viele von ihnen ermordet worden sind.

Die Arroganz, mit der die irakischen Behörden die Praxis des „Verschwindenlassens" betreiben, kann hohnsprechender nicht sein. So unglaublich es klingen mag, aber im Irak ist es nicht unüblich, daß die Familien „Verschwundener" zusammen mit der niederschmetternden Nachricht vom Tod ihres geliebten Verwandten die Aufforderung erhalten, eine Gebühr zu entrichten, da anderenfalls der Leichnam nicht zur Bestattung freigegeben wird. Peinlich genau werden ihnen die Kosten für die Exekution ihres Angehörigen, einschließlich der Gewehrkugeln, in Rechnung gestellt.

Die meisten irakischen Familien hingegen warten bis heute vergeblich auf eine Nachricht über den Verbleib ihrer „verschwundenen" Angehörigen. Aus Angst, das gleiche Schicksal zu erleiden, wagen sie es in der Regel nicht, eigene Nachforschungen anzustellen. Von den Behörden erhalten sie keinerlei hilfreiche Auskünfte. Im Gegenteil: Die offiziellen Stellen streiten routinemäßig ab, die betreffende Person in Gewahrsam zu halten, und beharren selbst dann auf ihrer Version, wenn Zeugen die Verhaftung beobachtet haben.

Als im März 1991 Oppositionskräfte vorübergehend mehrere Städte und größere Ortschaften im Norden und Süden Iraks unter ihre Kontrolle brachten und die dortigen Gefängnistore und Zellengitter öffneten, fanden sich unter den Insassen der Haftzentren zahlreiche Kurden und Araber, die seit den 70er und 80er Jahren als „verschwunden" gegolten hatten. Deren Familien konnte die gute Nachricht überbracht werden, daß ihre Angehörigen entgegen allen Befürchtungen noch am Leben waren.

In Sri Lanka erreichte die Praxis des „Verschwindenlassens" Ende der 80er Jahre katastrophale Ausmaße. In jüngster Zeit sind die Zahlen zwar merklich rückläufig, doch unterbunden ist diese menschenverachtende Form der Repression bei weitem noch nicht. Ein systematisches Muster des „Verschwindenlassens" bildete sich in Sri Lanka Mitte der 80er Jahre heraus, kurz nachdem die Regierung eine Sondereinsatztruppe der Polizei, die sogenannte Special Task Force, ins Leben gerufen hatte. Zunehmend häufiger fielen junge Männer nach ihrer Verhaftung durch Angehörige der Sondereinheit dem „Verschwindenlassen" zum Opfer, eine Methode, die die Armee später ebenfalls praktizierte. Von freigelassenen Gefangenen ist inzwischen bezeugt, daß in den Lagern von Sondereinsatztruppe und Armee zahlreiche Häftlinge gefoltert und getötet worden sind, deren Leichen man sich anschließend insgeheim entledigte.

Im Nordosten Sri Lankas, wo tamilische Sezessionisten Ende der 70er Jahre begannen, ihrer Forderung nach einem eigenständigen Staat mit Waffengewalt Nachdruck zu verleihen, haben Regierungskräfte zahlreiche Menschen „verschwinden" lassen, um ihre Verantwortung für politische Morde zu vertuschen und die örtliche Bevölkerung zu terrorisieren. So hat amnesty international zwischen 1984 und Mitte 1987, als im Zuge eines zwischen Indien und Sri Lanka beschlossenen Friedensabkommens indische Truppen im Nordosten Sri Lankas stationiert wurden, von insgesamt 680 Fällen von „Verschwindenlassen" Kenntnis erhalten. Nach dem erneuten Ausbruch heftiger Kampfhandlungen zwischen Regierungskräften und militanten Tamilengruppen im Juni 1990 schnellte die Zahl der im Nordosten Sri Lankas „Verschwundenen" sprunghaft in die Höhe und erreichte innerhalb weniger Monate eine Größenordnung von mehreren Tausend. Im Süden des Landes bildeten bewaffnete Aufstände nationalistischer Singhalesen den Kontext für massive Menschenrechtsverletzungen durch die Regierungstruppen. Zwischen 1987 und 1990 fielen dort Zehntausende Menschen dem „Verschwindenlassen" zum Opfer.

Mit dem Anstieg der Zahl der „Verschwundenen“ ging in beiden Landesteilen eine gespenstische Entwicklung einher. Immer häufiger wurden an Straßenrändern, in Flüssen und auf Friedhöfen verstümmelte oder verkohlte Leichen entdeckt. Bei einigen der Toten könnte es sich um „verschwundene“ Menschen gehandelt haben, doch wird man darüber wohl niemals völlige Gewißheit erzielen.

Seit Anfang 1992 hat amnesty international in mehr als 20 Staaten Fälle von „Verschwindenlassen“ registriert. Der Organisation liegen Informationen über diese menschenverachtende Praxis unter anderem aus Indien, Indonesien und Osttimor, den Philippinen, Papua-Neuguinea, Sudan, Senegal, Haiti, Zaire und der Türkei vor.

In einer Reihe anderer Länder wie etwa Argentinien, Chile, El Salvador, Guatemala, Marokko, Namibia und Simbabwe geben jüngste Entwicklungen hingegen Anlaß zu eher optimistischer Betrachtungsweise, da dort die Praxis des „Verschwindenlassens“ inzwischen weitgehend, zum Teil sogar vollständig der Vergangenheit angehört. Allerdings soll nicht verschwiegen werden, daß einige Regierungen, wie zum Beispiel die in Guatemala, das „Verschwindenlassen“ lediglich durch andere Repressionsmethoden ersetzt haben.

In den genannten Staaten ist es ungeachtet der sichtbar positiven Tendenzen für viele Menschen eine bittere Erkenntnis, daß das in der Vergangenheit durch die Praxis des „Verschwindenlassens“ verursachte Leiden weiterwirkt. Weil ihre Regierungen die Aufklärung des Verbleibs der in den Vorjahren „Verschwundenen“ nicht vorantreiben, warten bis heute unzählige Familien und Freunde „Verschwundener“ vergeblich auf eine Nachricht über das Schicksal der von ihnen geliebten Person.

Überall auf der Welt werden Familienangehörigen und anderen Personen, die herauszufinden versuchen, was mit den „Verschwundenen“ geschehen ist, auf Schritt und Tritt Hindernisse in den Weg gelegt. Doch lassen sie sich davon nicht entmutigen. Ihre Beherztheit und ihre Beharrlichkeit sind Garant dafür, daß Menschenrechtsverbrechen wie das „Verschwindenlassen“ nicht in Vergessenheit geraten werden. Dazu Gabriela Jiménez, Ehefrau des 1981 in Honduras „verschwundenen“ Eduardo Aníbal Blanco Araya: „Auf dem lateinamerikanischen Kontinent ergeht es Tausenden Menschen so wie uns ... Das Leiden der Mütter, das hoffnungsvolle Bangen der Ehefrauen, die Trauer der Kinder ... dies alles bestätigt uns weiterzumachen. Wir glauben an das Recht auf Leben, an die Unverletzlichkeit der menschlichen Würde. Wir glauben an Gerechtigkeit und Frieden.“

POLITISCHER MORD

Wir leben in einer Welt, in der Regierungen und ihre Agenten ein schier unerschöpfliches Repertoire an Methoden ersonnen haben, um wehrlose Menschen zu töten. Mißliebige Bürger werden von staatlich gedungenen Mördern aus dem Hinterhalt erschossen, bei gezielten Sprengstoffanschlägen getötet oder zu Tausenden hingemetzelt. Andere Menschen werden erstochen, erdrosselt, ertränkt oder vergiftet. Man setzt die Häuser ganzer Familien in Brand und läßt die Bewohner qualvoll sterben. Junge Männer werden in Eisenbahnwaggons zusammengepfercht und dem Erstickungstod überlassen, Frauen vergewaltigt und anschließend zerstückelt. In den Gefängnissen läßt man Insassen verhungern oder sperrt sie in stickige Zellen ein, bis sie verdurstet sind.

Als ähnlich variationsreich stellen sich die Schauplätze politischer Morde dar. Es sind Polizeistationen, Militärkasernen und Regierungsgebäude, Kirchen und Moscheen, Krankenhäuser und Schulen, Gefängniszellen und -höfe. Menschen werden in ihren Wohnungen vor den Augen ihrer Familien getötet, auf belebten Straßen oder an Bushaltestellen erschossen.

Regierungen lassen gezielt Menschen ermorden, die sie als politische Gegner empfinden oder deren Religionszugehörigkeit, ethnische Herkunft, Sprache oder Hautfarbe ihnen ein Dorn im Auge ist. In manchen Staaten betrachten die Machthaber die Bewohner ganzer Landstriche pauschal als Oppositionelle, die zu töten sie sich nicht scheuen. In Gegenden, in denen aufständische Gruppen die staatliche Autorität herausfordern, geraten Menschen wahllos und willkürlich zur Zielscheibe von Vergeltungsschlägen und Racheakten der Regierungstruppen. Anderenorts entledigt man sich mittels extralegaler Hinrichtungen angeblicher „Unruhestifter“ wie etwa Gewerkschafter, Menschenrechtsaktivisten, Gemeindeführer, Rechtsanwälte und Lehrer. Es werden Straßenkinder ermordet, deren einziges „Vergehen“ darin bestanden hat, daß sie hungrig waren und niemals die Geborgenheit in einer fürsorglichen Familie erfahren haben.

Die Reaktion von Regierungen auf die Vorhaltung, daß in ihrem Land politische Morde begangen werden, reicht vom bloßen Abstreiten über Rechtfertigungsversuche und Vertuschungsmanöver bis hin zu der Behauptung, nichtstaatliche Kräfte seien für die Verbrechen verantwortlich.

Der renommierte Rundfunkjournalist und Autor politischer Satiren Richard de Zoysa hat sich in seinem Heimatland Sri Lanka stets engagiert für die Achtung der Menschenrechte eingesetzt. Am 18. Februar 1990 wurde er von sechs bewaffneten Männern aus seiner Wohnung verschleppt und tags darauf an der Küste von Moratuwa tot aufgefunden. Seine unbekleidete Leiche wies Schußwunden am Kopf und im Nacken auf. Seine Mutter, die bei der Entführung zugegen war, erkannte in einem der Täter einen hohen Polizeibeamten aus Colombo und gab zu Protokoll, noch ein weiterer der Kidnapper habe Polizeiuniform getragen. Dennoch unterließen es die Behörden, den Vorfall lückenlos aufzuklären. Es deutet alles darauf hin, daß Richard de Zoysa Opfer eines Mordanschlags geworden ist, ausgeführt von Agenten der srilankischen Regierung.

Derart geplante und gezielte Attentate stellen die wohl unverfrorenste Art dar, mit der Regierungen sich ihrer Widersacher und Kritiker entledigen. Sie setzen gedungene Mörder auf ausgewählte Opfer an und lassen sie unbehelligt ihr schmutziges Handwerk verrichten.

Ein Charakteristikum dieser Morde ist es, daß sich der Nachweis, wer die eigentlichen Täter gewesen sind, häufig nicht führen läßt. Regierungen weisen jede Verantwortung von sich und bedienen sich bevorzugt der Argumentation, die Anschläge gingen auf das Konto von „Todesschwadronen" oder anderer außerhalb staatlicher Kontrolle operierender Kräfte. Bisweilen werden Attentate als Unfälle getarnt oder als das Ergebnis blindwütiger Gewaltakte ausgewiesen. Die Leichen der Mordopfer werden zwecks Vertuschung des Verbrechens bis zur Unkenntlichkeit verstümmelt oder in geheimen Gräbern verscharrt.

Tagtäglich fallen überall auf der Welt Menschen solch politisch motivierten gezielten Mordanschlägen zum Opfer. In Südafrika beispielsweise wurden zahlreiche führende Gegner des Apartheid-Systems auf offener Straße oder in ihren Wohnungen niedergeschossen. Mitglieder des Afrikanischen Nationalkongresses und seines militärischen Flügels, Aktivisten der Kommunistischen Partei Südafrikas, Gewerkschafter und andere aus dem Exil in ihre Heimat zurückgekehrte Südafrikaner sahen und sehen sich weiterhin gezielten Anschlägen auf ihr Leben ausgesetzt. Ihre Mörder handeln mit Billigung der Sicherheitskräfte oder sind in den Reihen sogenannter „Mordkommandos" zu finden, die sich aus Angehörigen regulärer Polizei- und Militäreinheiten zusammensetzen. In Brasilien und Guatemala werden vor allem Bauern, Gewerkschafter, Menschenrechtler und Gemeindeaktivisten mittels politischer Morde eliminiert.

Einige Regierungen stellen die Verantwortung ihrer Sicherheitskräfte für den Tod führender Oppositioneller nicht in Abrede, liefern jedoch eine Version der Tatumstände, an deren

Wahrheitsgehalt Zweifel begründet sind. So wird behauptet, Todesfälle seien das Ergebnis bewaffneter Zusammenstöße zwischen den Streitkräften und Aufständischen. Mit einer solchen Darstellung und Rechtfertigung von Tötungen warten unter anderen die indischen Behörden auf. Nachdem beispielsweise im Mai 1990 in der Ortschaft Kotla Ajner die Studenten Harpal Singh und Baljit Singh von Polizisten erschossen worden waren, erklärten die Behörden umgehend, die beiden seien Opfer eines „bewaffneten Zusammenstoßes" geworden. Augenzeugen hatten jedoch eine andere Beobachtung gemacht und widersprachen der offiziellen Darstellung. „Die vorhandenen Indizien", so ein mit dem Fall befaßter Journalist, „deuten zweifelsfrei darauf hin, daß es sich um einen vorgetäuschten Zusammenstoß gehandelt hat. Nach Angaben der Dorfbewohner wurden die Studenten von der Polizei mehrere Stunden lang gefoltert und anschließend ermordet."

Der Wortlaut einer vom Polizeipräsidenten des Punjab im August 1989 an alle Bezirkspolizeidirektionen ergangenen Weisung läßt die Schlußfolgerung zu, daß in einigen indischen Bundesstaaten eine Politik der vorsätzlichen Tötung von Regierungsgegnern verfolgt wird. Die Order enthielt eine Liste mit den Namen von 53 Personen sowie den wortwörtlichen Aufruf: „Belohnung für die Ergreifung/Liquidierung gesuchter Terroristen/Extremisten." Zwar erklärte ein Jahr später der Generalstaatsanwalt den Befehl des Polizeipräsidenten von Punjab für außer Kraft gesetzt, doch dürften sich die Ordnungskräfte von dieser und anderen ähnlich lautenden offiziellen Äußerungen ermutigt gefühlt haben, vermeintliche Oppositionelle im Schnellverfahren hinzurichten oder in der Haft zu töten und anschließend den Vorfall als „Zusammenstoß" auszugeben. Ein Appell des neugewählten Gouverneurs des Punjab Mitte 1990 an alle Polizeikräfte des Bundesstaates, die Praxis der „vorgetäuschten Zusammenstöße zu beenden", hat bis zum heutigen Tag keine Wirkung gezeigt. Die Tötungen gehen unvermindert weiter. So sollen allein 1992 im Punjab

Hunderte politische Aktivisten von der Polizei vorsätzlich ermordet und die Todesfälle anschließend wider besseres Wissen als Ergebnis bewaffneter „Zusammenstöße“ ausgewiesen worden sein. In Dschammu und Kaschmir bemühen die Behörden zunehmend die Formulierung „im Kreuzfeuer gestorben“, um die zahlreichen Morde an inhaftierten politischen Aktivisten durch Armee und paramilitärische Kräfte zu verschleiern.

Zur Zielscheibe politischer Morde geraten neben Einzelpersonen oftmals auch ganze Gemeinschaften und Bevölkerungsgruppen. Von den im vorliegenden Bericht beschriebenen Massakern sind viele die direkte Folge staatlichen Handelns und Vorgehens gegen ethnische, kulturelle, rassische oder religiöse Gruppen sowie gegen politische Bewegungen. Dies gilt beispielsweise für die aus Ländern wie Bosnien-Herzegowina, Burundi, Indien, Indonesien, Irak, Myanmar, Peru und Sri Lanka bekanntgewordenen Massentötungen. Doch kaum eine Regierung ist gewillt, die Verantwortung für derartige Massaker zu übernehmen. Oft heißt es, Todesfälle seien das Ergebnis gewalttätiger Auseinandersetzungen zwischen verfeindeten Bevölkerungsgruppen oder das Resultat offener Kampfhandlungen zwischen „linken und rechten Extremisten“, auf die man keinen Einfluß habe. In anderen Fällen machen Regierungen geltend, das Vorgehen ihrer Sicherheitskräfte habe ausschließlich der Aufrechterhaltung des Friedens und der nationalen Sicherheit gedient, es sei notwendig und rechtmäßig gewesen. Solange jedoch die genauen Umstände, unter denen Tötungen verübt worden sind, nicht lückenlos aufgeklärt werden, bleibt der Verdacht bestehen, daß es sich dabei um extralegale Hinrichtungen gehandelt haben könnte.

Insbesondere im Zuge von Operationen zur Aufstandsbekämpfung machen sich Regierungstruppen häufig politischer Morde schuldig, für die es nur ein Motiv gibt – Rache. Bisweilen machen sie kollektiv ganze Dorfgemeinschaften für Anschläge auf militärische Einrichtungen verantwortlich, greifen sich wahllos Bewohner heraus und richten sie extralegal hin. Am 17. August 1992 beispielsweise starben in der Stadt Doba im Süden des Tschad mehr als 100 unbewaffnete Männer, Frauen und Kinder unter den Gewehrkugeln der Sicherheitskräfte. Sie wurden Opfer eines Rachefeldzugs der Soldaten, nachdem in den Morgenstunden des 17. August bewaffnete Aufständische den Militärstützpunkt in Doba angegriffen hatten, alsbald allerdings wieder zurückgeschlagen worden waren.

Oftmals verlieren Menschen ihr Leben, weil die Sicherheitskräfte ihres Landes zur Niederschlagung von Bürgerprotesten oder in Situationen vorgeblicher Kriminalitätsbekämpfung in exzessiver Weise Gewalt anwenden. Auch sie sind Opfer politischer Morde, nur daß ihr Tod – in der Regel jedenfalls – nicht vorsätzlich geplant, sondern das Ergebnis wahlloser und ungezügelter staatlicher Gewalt ist. Ihnen wird das Leben genommen, weil sie sich in der Nähe von Demonstrationen und Kundgebungen aufhalten oder weil sie einer sozialen Schicht entstammen, der man allgemein unterstellt, sich um Recht und Gesetz nicht zu scheren. Wo Menschen unter derartigen Umständen zu Tode kommen, setzen Regierungen häufig alles daran, die Fakten unter Verschluß zu halten. Sie beharren darauf, daß die Tötungen auch nach den Buchstaben internationaler Menschenrechtsstandards gerechtfertigt gewesen seien.

Politische Morde als Folge unverhältnismäßiger Gewaltanwendung sind meist dann zu beklagen, wenn die Sicherheitskräfte große Menschenansammlungen unter Kontrolle zu bringen versuchen. Jüngstes Beispiel dafür ist Thailand, wo im Mai 1992 im Zuge viertägiger Demonstrationen mindestens 52 Menschen von Regierungstruppen getötet und rund 700 verletzt worden sind. Außerdem gelten mindestens 21 weitere Personen seit den Protesten als vermißt.

Die Massendemonstrationen in Bangkok, die im April begannen und an denen sich Hunderttausende Menschen beteiligten, richteten sich gegen die Ernennung von General Suchinda zum neuen Ministerpräsidenten Thailands. Als der

Polizisten werfen Handgranaten auf Menschen, die im Mai 1992 in Bangkok gegen die Regierungspolitik demonstrieren. Die Sicherheitskräfte schossen in die Menge und prügelten Demonstranten zu Tode. 52 Menschen wurden getötet und etwa 700 verletzt.

General am 17. Mai über Bangkok und die umliegenden Provinzen den Ausnahmezustand verhängte und Zusammenkünfte von mehr als zehn Personen verbot, begannen die Sicherheitskräfte, ihre massive Präsenz unter Beweis zu stellen, indem sie durch die Straßen der Hauptstadt patrouillierten und aus ihren automatischen Waffen Schüsse abfeuerten – zunächst in die Luft, später direkt in die Menschenmengen. In den folgenden drei Tagen wiederholten sich derartige Szenen. Demonstranten wurden aus nächster Nähe erschossen, andere zu Tode geprügelt. Es trafen Berichte ein, denen zufolge die Sicherheitskräfte in den Seitenstraßen rund um das Demonstrationsgeschehen oder in Gebäuden, in denen Menschen Zuflucht gesucht hatten, blindwütig um sich schossen und wehrlose Bürger töteten. Die Mehrzahl der 52 in Thailands Hauptstadt ums Leben gekommenen Demonstranten ist extralegal hingerichtet worden. Internationale Standards schreiben vor, daß tödliche Gewalt als äußerste Maßnahme nur dann eingesetzt werden darf, wenn sie notwendig ist, um andere Menschenleben zu schützen. Diese Vorschrift wurde von den Sicherheitskräften in Bangkok gröblichst mißachtet. Sie haben das Feuer auf unbewaffnete Demonstranten eröffnet, von denen weder für die Soldaten selbst noch für Dritte eine tödliche Gefahr ausging. Medizinische Gutachten belegen zudem, daß viele der Opfer in den Rücken geschossen oder von aus nächster Nähe abgefeuerten Kugeln tödlich getroffen worden sind.

In einigen Fällen bestehen starke Verdachtsmomente, die den Vorwurf der extralegalen Hinrichtung begründen könnten, auch wenn die genauen Umstände der Tötungen im dunkeln bleiben. Ist beispielsweise eine Abfolge ähnlicher Morde zu beobachten, ohne daß der Staat angemessen darauf reagiert, muß dies häufig als Indiz gewertet werden, daß es sich um vorsätzliche und ungesetzliche Tötungen handelt.

Die britischen Sicherheitskräfte beispielsweise haben in den zurückliegenden Jahren in Nordirland wiederholt Menschen unter fragwürdigen Umständen erschossen, die den schwerwiegenden Vorwurf haben aufkommen lassen, daß offizielle Stellen die Strategie verfolgen, vermeintliche Mitglieder bewaffneter Oppositionsgruppen gar nicht erst zu verhaften, sondern direkt und vorsätzlich zu töten. Die Regierung in London nährt derartige Vorwürfe durch ihre beharrliche Weigerung, unabhängige und unparteiische Ermittlungen zur Aufklärung umstrittener Todesfälle – wie in internationalen Normen gefordert – durchführen zu lassen. Die einzige umfassende, allerdings interne Untersuchung unter Leitung eines hohen Polizeibeamten zog keinerlei Konsequenzen nach sich, obwohl sie Beweise für polizeiliches Fehlverhalten zutage gefördert hatte. Die Untersuchungsergebnisse blieben unter Verschluß; von Strafverfolgungsmaßnahmen gegen Polizeibeamte wurde mit den Argumenten der „nationalen Sicherheit“

und der „Wahrung des öffentlichen Interesses“ abgesehen. Die Weigerung der britischen Behörden, umfassende Ermittlungen durchzuführen und sämtliche Erkenntnisse und Fakten publik zu machen, läßt darauf schließen, daß es einiges gibt, das sie verheimlichen möchten.

DER HINTERGRUND DES TERRORS

Regierungen lassen Menschen „verschwinden“ oder ermorden, weil sie sich davon erhoffen, ihre Ziele auf bequemere Weise durchsetzen zu können, als wenn sie sich rechtmäßiger Methoden bedienen. Sie greifen zum Mittel der Repression häufig dann, wenn sie sich durch kriegerische Auseinandersetzungen oder durch oppositionelle Kräfte – seien es gewaltfrei tätige politische Parteien, bewaffnete Gruppen, separatistische oder nationalistische Bewegungen – in ihrer Macht bedroht fühlen. Regierungen glauben, in Konfliktsituationen mit dem Hinweis auf die Aufrechterhaltung von Recht und Ordnung oder die Bewahrung der „nationalen Einheit“ ein Rechtfertigungsargument für ihre brutalen Unterdrückungsmethoden zu besitzen. Dabei übersehen sie, daß ihr ungesetzliches Handeln nur eine Eskalation der Gewalt provoziert und die Gesellschaft ihres Landes spaltet. Aber auch in Friedenszeiten bedienen sich Machthabende des „Verschwindenlassens“ und politischer Morde, um oppositionelle Bestrebungen zu zerschlagen. Beide Praktiken sind geradezu maßgeschneidert für Regierungen, die sich in Zeiten scheinbarer Normalität ihrer Gegner entledigen möchten. Sie erlauben es ihnen, ihre Verantwortung zu verschleiern und eine Fassade der Legalität aufrechtzuerhalten.

amnesty international ergreift weder bei kriegerischen Auseinandersetzungen zwischen Staaten noch bei innerstaatlichen Konflikten Partei für die eine oder andere Seite. Ziel der Organisation ist es, durch das öffentliche Anprangern von Menschenrechtsverbrechen die Einhaltung der Menschenrechte voranzubringen und das Argument vieler Regierungen, Übergriffe seien „unvermeidliche“ Folge des Konflikts, als unwahrhaftig und grundfalsch bloßzustellen: Menschenrechtsverletzungen werden einzig und allein deshalb begangen, weil Regierungen sie anordnen oder dulden. amnesty international wird nicht nachlassen, die Machthabenden und die Weltöffentlichkeit daran zu erinnern, daß internationale Normen zum Schutz der Menschenrechte existieren, zu deren Einhaltung Regierungen unter allen Umständen verpflichtet sind.

Das humanitäre Völkerrecht sieht zwar keine absolute Ächtung von Kriegen oder von Tötungen im Zuge von Kriegshandlungen vor, es enthält aber Regelungen, die darauf abzielen, das menschliche Leiden zu begrenzen. Die vier Genfer Abkommen von 1949 und deren zwei Zusatzprotokolle von 1977 beispielsweise verpflichten sämtliche Konfliktparteien, an den Kampfhandlungen unbeteiligte Personen menschlich zu behandeln.

Es findet sich keine Regierung, die für sich das Recht proklamieren würde, Zivilisten und andere von den Genfer Abkommen geschützte Personengruppen töten zu dürfen. Die Erfahrung zeigt jedoch, daß bei kriegerischen Auseinandersetzungen die in den Genfer Abkommen und menschenrechtlichen Verträgen verankerten Normen fast durchgängig nicht beachtet werden.

Während des Golfkonflikts 1990/91 beispielsweise haben irakische Truppen in Kuwait Hunderte unbewaffnete Zivilisten extralegal hingerichtet, darunter Kinder, die sie aus nächster Nähe durch Schüsse in den Kopf töteten. Hunderte gefangengenommene Personen, von denen in der Mehrzahl bis heute jede Spur fehlt, fielen dem „Verschwindenlassen“ zum Opfer. Nach dem Rückzug der irakischen Truppen starteten kuwaitische Einheiten ihrerseits einen Rachefeldzug, der ebenfalls unzählige Menschen das Leben kostete. Zu den Opfern zählten in Kuwait lebende Palästinenser, Iraker und Sudanesen, die

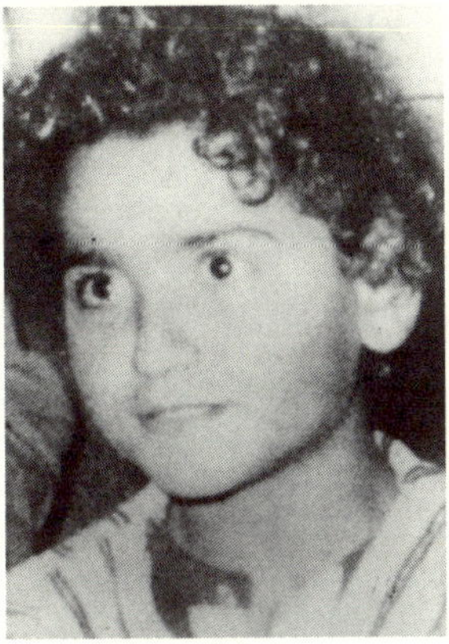

Die elfjährige Palästinenserin Rana Abu Tuyur wurde im Dezember 1992 von israelischen Soldaten im Gazastreifen erschossen.

allein wegen ihrer Staats- und Volkszugehörigkeit extralegal hingerichtet wurden. Sie haben mit ihrem Leben für die Handlungen anderer zahlen müssen, wurden auf offener Straße erschossen oder in geheimer Haft zu Tode gefoltert. Mindestens weitere 62 Menschen sind im Gewahrsam der kuwaitischen Behörden „verschwunden".

Wo eine ausländische Macht Besatzungsrechte ausübt, ist die dort lebende Bevölkerung in besonderer Weise von Menschenrechtsverletzungen bedroht. Zwar existieren neben den für alle Menschen gleichermaßen geltenden menschenrechtlichen Schutzgarantien spezielle völkerrechtliche Instrumentarien, die Besatzungsmächten in ihrem Handeln Schranken auferlegen; das Vorgehen der irakischen Truppen während der Besatzung Kuwaits oder die Situation in den von Israel besetzten Gebieten machen jedoch deutlich, daß sich Regierungen an die auf internationaler Ebene geschaffenen Standards nicht immer gebunden fühlen. So haben die israelischen Sicherheitskräfte seit Beginn des Aufstandes der Palästinenser (Intifada) im Dezember 1987 Hunderte palästinensischer Zivilisten getötet, einige allem Anschein nach extralegal. In Osttimor, 1975 von Indonesien widerrechtlich annektiert, sind in den zurückliegenden Jahren Hunderte Zivilpersonen von den Besatzungstruppen getötet worden oder dem „Verschwindenlassen" zum Opfer gefallen.

Eine der beunruhigendsten Entwicklungen der 90er Jahre stellt die sich verschärfende staatliche Repression zur Niederschlagung ethnischer oder nationalistischer Bewegungen dar mit einem erschreckenden Anstieg der Zahl der Todesopfer. Dort, wo Regierungen eine Politik der unerbittlichen Härte verfolgen, zeigt sich fast überall in bedrückender Weise, daß der Konflikt sich verfestigt oder sogar eskaliert und die Aussichten für einen Dialog in weite Ferne rücken.

Die nationalistischen Konflikte im ehemaligen Jugoslawien haben den Vielvölkerstaat auseinanderbrechen lassen und in einen Schauplatz entsetzlichen Blutvergießens verwandelt. Verantwortung für die dort verübten Menschenrechtsverbrechen trifft fraglos alle Konfliktparteien. Die Mehrzahl der Übergriffe geht jedoch auf das Konto der jugoslawischen Volksarmee sowie irreguläre Kräfte der Serben. Leidtragende sind in erster Linie die Bewohner Kroatiens und Bosnien-Herzegowinas.

In mehreren Staaten der ehemaligen Sowjetunion zeichnet sich ebenfalls kein Ende der erbittert ausgefochtenen Nationalitätenkonflikte ab. In der mehrheitlich von Armeniern bewohnten umkämpften Region Nagorny-Karabach, in der Republik Aserbaidschan gelegen, wurden im Zuge der Auseinandersetzungen Hunderte an den Kampfhandlungen unbeteiligte Zivilisten vorsätzlich und willkürlich getötet. Im Februar 1992 beispielsweise sollen paramilitärische Kräfte der Armenier mehr als 100 aserbaidschanische Männer, Frauen und Kinder ermordet haben, nachdem sie nach dem Ausbruch von Kampfhandlungen rund um die Stadt Chodschali durch Flucht in andere Landesteile ihr Leben in Sicherheit hatten bringen wollen. Zwei Monate später drangen Berichten zufolge in

Nagorny-Karabach aserbaidschanische Armee-Einheiten in die Ortschaft Maraga ein und metzelten 45 wehrlose armenische Dorfbewohner – unter ihnen Kinder – nieder.

Auch in anderen Teilen der Welt bilden Bürgerkriege, vielfach ausgelöst durch nationalistische oder ethnische Konflikte, den Kontext für politische Morde und das „Verschwindenlassen". Im Sudan etwa haben Regierungstruppen und regierungsnahe Milizen seit Ausbruch des Bürgerkriegs im Jahre 1983 Tausende Angehörige der im Süden des Landes siedelnden Volksgruppen getötet. Allein Mitte 1992 starben in der Stadt Juba mindestens 300 unbewaffnete Zivilisten und gefangengenommene Personen, als Regierungseinheiten die von Rebellen der Sudanesischen Volksbefreiungsarmee belagerte Stadt in weiten Teilen wieder unter ihre Kontrolle brachten. Zahlreiche andere Häftlinge fielen dem „Verschwindenlassen" zum Opfer. Auch aus dem abgelegenen Nuba-Gebirge trafen Meldungen über Massaker an der Zivilbevölkerung ein. Dort sollen zur Jahreswende 1992/93 Hunderte Menschen extralegal hingerichtet worden sein.

Der in Somalia tobende Bürgerkrieg, in dessen Verlauf Zehntausende Zivilisten von den verschiedenen rivalisierenden bewaffneten Gruppen vorsätzlich getötet worden sind, im Zuge direkter Kampfhandlungen ums Leben kamen oder an Hunger und Krankheiten starben, hat für die Bevölkerung des Landes Menschenrechtsverbrechen zur allgegenwärtigen Bedrohung werden lassen. Anhänger des von General Aidid angeführten Flügels der regierenden Vereinigten Somalischen Kongreßpartei etwa haben im April 1992 in der Stadt Bulohawo nahe der Grenze zu Kenia ein blutiges Massaker unter den Bewohnern angerichtet, an das sich ein Überlebender mit Grauen erinnert:

„Als die Truppen von General Aidid in die Stadt einfielen, waren bereits viele Menschen geflohen. Zurückgeblieben waren fast ausschließlich alte Männer, Frauen und Kinder. Aidids Soldaten trieben die Bewohner im Stadtzentrum zu-

Im Bürgerkrieg Liberias verübten alle Seiten zahllose politische Morde. Die meisten Opfer wurden wegen ihrer ethnischen Herkunft zur Zielscheibe. Auf diesem Foto schießt ein rebellierender Soldat im Juli 1990 auf ein gefangengenommenes Mitglied des Militärs.

sammen, teilten sie nach Clan-Zugehörigkeit in Gruppen ein und sonderten Angehörige des Darod-Clans aus. Anschliessend wurden die Darod-Männer ermordet und die Frauen vergewaltigt. Wer zu fliehen versuchte, wurde erschossen oder mit Bajonetten erstochen. Die Toten wurden verbrannt und ihre Überreste einfach auf der Straße liegengelassen."

Der bewaffnete Konflikt in Liberia, der das Land seit nunmehr drei Jahren heimsucht, bildete ebenfalls den Kontext für politische Morde entsetzlichen Ausmaßes. Nachdem im

Dezember 1989 Truppen der oppositionellen Nationalen Patriotischen Front von Liberia unter ihrem Anführer Charles Taylor in das Land eingefallen waren, setzte eine Welle vorsätzlicher Massentötungen ein, der allein 1990 schätzungsweise 20 000 wehrlose Zivilisten zum Opfer fielen. Verantwortung für die Massaker trugen sowohl die Rebellen um Charles Taylor als auch die Streitkräfte von Liberia, die seinerzeit dem 1990 ermordeten Präsidenten Samuel Doe loyal gegenüberstanden und im November 1992 von der Interimsregierung der Nationalen Einheit in Monrovia erneut als Liberias reguläre Streitmacht eingesetzt worden sind. Zur Zielscheibe von Tötungen gerieten vor allem Angehörige der ethnischen Gruppen der Gio und Mano, denen man kollektiv Unterstützung der Rebellen nachsagte, sowie Angehörige der Gemeinschaften der Krahn und Mandingo, die mit dem ehemaligen Präsidenten Doe identifiziert wurden.

Als 1990 Nigeria und andere Mitgliedsstaaten der westafrikanischen Wirtschaftsgemeinschaft Truppen nach Liberia entsandten, nahmen die Rebellen um Charles Taylor Hunderte in Liberia ansässige Bürger Nigerias und sonstiger westafrikanischer Länder als Geiseln, unter ihnen auch Kinder. Viele der Entführten wurden später ermordet. Mitte August 1992 sollen sowohl Rebellen der Patriotischen Front als auch Angehörige der Vereinigten Befreiungsbewegung für Demokratie in Liberia einer überwiegend aus Anhängern des ehemaligen Präsidenten Doe bestehenden bewaffneten Gruppe wehrlose Zivilisten unter der Anschuldigung, die jeweils gegnerische Seite zu unterstützen, ermordet haben. Die Tötungen ereigneten sich im Gebiet von Tubmanburg, 60 Kilometer nördlich von Monrovia, wo sich die beiden verfeindeten Gruppen Kontrollrechte gegenseitig streitig machten. Im September 1992 räumte Charles Taylor ein, daß seine Truppen „Greueltaten“ begangen hätten, und kündigte an, er werde „drastische militärische Maßnahmen“ gegen die für Übergriffe Verantwortlichen ergreifen. Dennoch werden in Liberia weiterhin von allen Konfliktparteien unverhohlen Menschenrechtsverbrechen begangen.

Im Juni 1993 beispielsweise wurden in Harbel in der Nähe von Monrovia rund 500 Zivilisten getötet, die aus den vom Konflikt betroffenen Landesteilen geflohen waren und in einer Arbeitersiedlung auf einer nicht mehr bewirtschafteten Gummiplantage Zuflucht gefunden hatten. Anfänglich legte man den Rebellen um Charles Taylor das Massaker zur Last. Später jedoch traten Anhaltspunkte dafür zutage, daß die Täter in den Reihen der Streitkräfte von Liberia zu finden sein könnten. Deren Angehörige haben sich nachweislich bereits 1992 und Anfang 1993 wiederholt politischer Morde schuldig gemacht. Im März 1993 sollen Einheiten der Vereinigten Befreiungsbewegung für Demokratie in Zorzor im Bezirk Lofa 14 junge Männer, die als Anhänger von Charles Taylor galten, im Schnellverfahren exekutiert haben; auch für den Mord an 13 Zivilisten in Haindi, 80 Kilometer von Monrovia entfernt, tragen sie nach vorliegenden Erkenntnissen Verantwortung.

Der Bürgerkrieg im benachbarten Sierra Leone, von der Weltöffentlichkeit weitgehend nicht zur Kenntnis genommen, steht in seiner Brutalität den Ereignissen in Liberia in nichts nach. Dort wurden Hunderte im Zuge der Kampfhandlungen gefangengenommene Aufständische sowie der Rebellenzugehörigkeit oder -unterstützung lediglich verdächtigte Personen von Regierungskräften extralegal hingerichtet. Im März 1991 waren aus dem von Charles Taylor und seinen Anhängern kontrollierten Territorium Liberias Invasionstruppen über die Grenze nach Sierra Leone vorgedrungen, hatten im Süden und Osten gelegene Landesteile unter ihre Kontrolle gebracht und Hunderte Menschen, die den Angreifern keine Unterstützung gewährten wollten, ermordet. Nachdem es den von der Regierung entsandten Truppen gelungen war, von den Rebellen belagerte Städte zurückzuerobern, begannen sie, gnadenlos Jagd auf vermeintliche Kollaborateure der Invasionstruppen zu machen. Zahlreiche Menschen, die im Verdacht standen, sich den Rebellen angeschlossen oder sie unterstützt zu haben, wurden im Schnellverfahren exekutiert. Dorfbewohner wurden aufgefordert, den Behörden die Namen ihnen bekannter Aufständischer und deren Anhänger mitzuteilen. Konnten die auf diese Weise Denunzierten keine Bürgen für ihre Unschuld vorweisen, wurden sie abgeführt und erschossen, oftmals vor den Augen der Öffentlichkeit. Einige waren Folterungen ausgesetzt, bevor man sie tötete.

Seit dem Amtsantritt der derzeitigen ugandischen Regierung im Jahre 1986 haben Einheiten der regulären Sicherheitskräfte im Norden und Osten des Landes im Zuge von Operationen gegen aufständische Gruppen Hunderte Zivilisten vorsätzlich ermordet. Im Juli 1989 beispielsweise starben in Mukura im Osten Ugandas 69 junge Männer qualvoll den Erstickungstod, nachdem Soldaten sie in einen Güterwaggon gepfercht und ihrem weiteren Schicksal überlassen hatten.

Der anhaltende Bürgerkrieg in Afghanistan hat ebenfalls unzählige Opfer politischer Morde gefordert. Ob Regierungstruppen, Milizen, mit der seit Mitte 1992 amtierenden Regierung von Präsident Burhanuddin Rabbani verbündete Mudschaheddin-Gruppen oder oppositionelle Einheiten der Mudschaheddin – sie alle müssen sich die Verantwortung für extralegale Hinrichtungen vorhalten lassen. Bei den Opfern handelte es sich häufig um Angehörige bestimmter ethnischer, religiöser oder politischer Gruppen, die gezielt ermordet wurden. Selbst Kinder blieben nicht verschont.

Am 11. Februar 1993 beispielsweise gingen in Kabul Regierungstruppen, Milizen und Mitglieder der regierungsnahen Mudschaheddin-Gruppe *Ittehad-e-Islami* in einer gemeinsamen Aktion gegen Angehörige der schiitisch-moslemischen Minderheit des Landes vor. Mehrere Männer, ausnahmslos Zivilisten, wurden vor den Augen ihrer Familien getötet. Eine junge Krankenschwester, die Zeugin der Ereignisse wurde, erinnert sich: „Sie waren zu zwölft. Sie brachen die Wohnungstür auf und näherten sich mir und meiner Schwester. Als mein Vater sie aufhalten wollte, wurde er mit Schlägen traktiert und gefoltert. Auf dem Hof haben sie ihm einen Fuß und beide Hände abgehackt und die Hände anschließend dem Hund eines der Befehlshabenden zum Fraß vorgeworfen."

Eine andere junge Frau erklärte, beobachtet zu haben, wie vier ihrer Nachbarn mit Bajonetten die Kehle aufgeschlitzt wurde. Eine weitere Zeugin berichtete, die Angreifer hätten vor ihren Augen nicht nur ihren Ehemann, sondern auch ihre drei Töchter getötet. Bei dem Anschlag handelte es sich allem Anschein nach um einen Akt der Vergeltung für den vorherigen Mord an Angehörigen der Volksgruppen der Paschtun und Tadschiken.

In mehreren Ländern bildeten zu gewalttätigen Ausschreitungen eskalierte Spannungen zwischen verschiedenen ethnischen Gruppen oder Nationalitäten den Kontext für schwere Menschenrechtsverletzungen. Anstatt die Gewalt einzudämmen und zwischen den verfeindeten Gruppen zu schlichten, haben Regierungen leider allzu oft ihrerseits den Boden von Recht und Gesetz verlassen und die Menschenrechte eines Teils der Bevölkerung mit Füßen getreten.

In Burundi, wo die ethnische Gruppe der Hutu zwar die Bevölkerungsmehrheit stellt, die ethnische Minderheit der Tutsi aber über Jahre hinweg die politisch dominierende Kraft gewesen ist und sich bis Mitte 1993 auch in der Regierungsverantwortung befunden hat, trifft die vornehmlich aus Tutsi bestehenden Sicherheitskräfte ein Großteil Mitschuld an den immer wieder aufbrechenden Spannungen zwischen beiden Volksgruppen. Die Regierungstruppen müssen sich vorhalten lassen, durch vorsätzliche und willkürliche Massaker an der Hutu-Bevölkerung – geschehen 1965, 1969, 1972, 1988 und 1991 – Haß und Gewalt geschürt zu haben. Allein die Massaker im Jahre 1972 forderten mehr als 80 000 Menschenleben, weitere mindestens 5 000 Zivilisten starben 1988 im Zuge einer von offizieller Seite als Operation zur Aufstandsbekämpfung bezeichneten Offensive. Einige Schätzungen gehen sogar von einer Zahl von 20 000 Todesopfern aus.

Sicherheitskräfte in Burundi

Obwohl die damals amtierende Regierung nach den Massakern von 1988 Bemühungen hatte erkennen lassen, die Spannungen zwischen den Gruppen der Hutu und Tutsi abzubauen und eine Verbesserung der Menschenrechtssituation herbeizuführen, fanden weiterhin Übergriffe statt. Ende 1991 beispielsweise sollen erneut mindestens 1 000 Menschen – in der Mehrzahl Hutu – von Soldaten extralegal hingerichtet worden sein, zahlreiche andere gelten seitdem als „verschwunden". Im Juni 1993 wurde erstmals in der Geschichte Burundis ein Hutu in das Amt des Präsidenten gewählt. Er und seine Regierung treten ein schweres Menschenrechtserbe an. Wie sie damit umgehen werden, bleibt abzuwarten.

Nach ethnisch bedingten gewalttätigen Auseinandersetzungen 1992 in Kenia tauchten alsbald Verdachtsmomente auf, die die Regierung in Nairobi schwer belasteten. Es wurde der Vorwurf laut, es sei die Regierung gewesen, die die im Westen und in Zentralkenia ausgebrochenen Unruhen, in deren Verlauf mehr als 700 Menschen starben, geschürt oder zumindest geduldet habe. Eine von den Kirchen des Landes initiierte Untersuchung der Vorfälle förderte später schlüssige Indizien dafür zutage, daß eine Vielzahl der Morde auf das Konto einer als „Kalenjin-Kämpfer“ bezeichneten Gruppe ging, die von hohen Regierungsbeamten unterstützt und finanziert wird. Bei den Kalenjin handelt es sich um eine ethnische Gruppe, der auch Präsident Moi angehört.

Wo bewaffnete Oppositionskräfte über ein Territorium oder einen Teil der Bevölkerung eines Landes Kontrolle erlangen, glauben Regierungen häufig, nur mittels Repression in Form politischer Morde und dem „Verschwindenlassen“ die Ordnung aufrechterhalten und ihre Macht festigen zu können. Der Schutz der Menschenrechte gerät zur Nebensächlichkeit und wird den vermeintlich wichtigeren Belangen der nationalen Sicherheit untergeordnet. Bei den Sicherheitskräften und deren zivilen Hilfstruppen stellt sich in solchen Situationen meist sehr schnell das Gefühl ein, straffrei töten zu dürfen.

Die Existenz bewaffneter Oppositionsgruppen kann für Regierungen die Aufrechterhaltung der öffentlichen Ordnung und der politischen Stabilität zu einer schwer lösbaren Aufgabe werden lassen. Wo derartige Gruppen – womöglich mit terroristischen Methoden – den Staat in seinem Wesen gefährden und Regierungen dies mit Maßnahmen der Aufstandsbekämpfung zu verhindern versuchen, besteht eine hohe Wahrscheinlichkeit, daß der Konflikt auf dem Rücken der Zivilbevölkerung ausgetragen wird und die Gewalt unbewaffnete, wehrlose Menschen trifft.

Aus dem humanitären Völkerrecht wie etwa Artikel 3 der Allgemeinen Bestimmungen der Genfer Konventionen, der auf bewaffnete Konfliktsituationen nicht internationalen Charakters anwendbar ist, lassen sich Mindestgrundsätze der Menschlichkeit ableiten, an denen sowohl die staatlichen als auch die aufständischen Kräfte ihr Handeln ausrichten müssen. Zu den nach völkerrechtlichen Prinzipien geschützten Personengruppen zählen all jene, die nicht unmittelbar an Feindseligkeiten beteiligt sind, also auch gefangengenommene, verwundete oder in anderer Weise außer Kampf gesetzte Personen sowie Kombattanten, die sich ergeben haben. Ausdrücklich verboten sind Morde, Verstümmelungen, Folterungen, grausame oder erniedrigende Behandlung, Geiselnahmen und extralegale Hinrichtungen.

Darüber hinaus existieren noch weitere internationale Rechtsnormen, die zu beachten Regierungen unter allen Umständen verpflichtet sind. Übergriffe durch bewaffnete Oppositionsgruppen, so brutal und empörend sie auch sein mögen, dürfen keinen Rechtfertigungsgrund für Regierungen darstellen, ihrerseits Schindluder mit den Menschenrechten zu treiben. Die Unverletzlichkeit fundamentaler Menschenrechte muß als absoluter Grundsatz Geltung erlangen. Regierungen, die dagegen verstoßen, finden schnell Nachahmer. Sie drehen damit in unverantwortlicher Weise weiter an der Spirale des Terrors und der Gewalt.

Die Realitäten in der Welt belegen, daß mit den Aktivitäten bewaffneter Oppositionsgruppen konfrontierte Regierungen die auf internationaler Ebene geschaffenen Standards massiv unterlaufen haben. Auf den Philippinen beispielsweise haben die über Jahrzehnte hinweg von den amtierenden Regierungen forcierten Kampagnen zur Aufstandsbekämpfung und die damit einhergehende Repression alle Schichten der Bevölkerung erfaßt. Als 1986 Corazon Aquino von den Bürgern der Philippinen in die Regierungsverantwortung gewählt wurde, gab sie das Versprechen ab, mit den Praktiken ihres Vorgängers Marcos, mit dessen Namen sich unweigerlich Menschenrechtsverbrechen verbinden, zu brechen. Dennoch sind seitdem in dem südasiatischen Inselstaat Hunderte unbewaffnete Zivilisten von Regierungskräften getötet worden. Glaubt man den Behörden, so war ihr Tod das Ergebnis legitimer staatlicher

Gewaltausübung. Die Fakten hingegen sprechen eine andere Sprache. Es wurden ganze Familien niedergemetzelt, Dorfbewohner bei der Arbeit auf ihren Feldern erschossen, Frauen von Soldaten vergewaltigt und anschließend getötet. Menschen mußten grausamste Folterungen erleiden, bevor man ihnen das Leben nahm. Bei den Opfern handelte es sich überwiegend nicht um Aufständische, sondern um Angehörige gesellschaftlicher Randgruppen oder ökonomisch unterprivilegierter Schichten.

Ähnlich schwere Menschenrechtsverletzungen haben – vor der Weltöffentlichkeit weitgehend verborgen – auch in anderen Ländern stattgefunden. In Dschibuti beispielsweise, wo die oppositionelle Front für die Wiederherstellung von Einheit und Demokratie im Norden und Südwesten des Landes die Regierungsgewalt mit bewaffneten Anschlägen herausfordert, sollen Soldaten der regulären Sicherheitskräfte im Februar 1992 zahlreiche Zivilisten extralegal hingerichtet haben. So fielen nach vorliegenden Erkenntnissen in der Ortschaft Yoboki, nachdem sich die Rebellen von dort zurückgezogen hatten, mindestens 50 Zivilpersonen staatlichen Morden zum Opfer. Ihr Tod ist allem Anschein nach das Ergebnis eines Rachefeldzugs der dschibutischen Sicherheitskräfte.

Wo gewaltsame Regierungswechsel stattfinden, die neuen Machthaber womöglich über keinen Rückhalt in der Bevölkerung verfügen und zur Aufrechterhaltung ihrer Herrschaft zu Terrormethoden greifen, gehen damit häufig politische Massenmorde einher. In Haiti zum Beispiel putschte das Militär im September 1991 die gewählte Regierung von Präsident Jean-Bertrand Aristide aus dem Amt. Die Tage nach dem Staatsstreich waren geprägt von einer Welle blutiger Repression, die sich insbesondere gegen die Bewohner ländlicher und städtischer Armenviertel richteten, wo besonders viele Menschen die Politik von Präsident Aristide befürworten. So sollen Soldaten in nur einem einzigen Stadtbezirk von Port-au-Prince im Zuge von Razzien in Privatwohnungen mehr als 30 unbewaffnete

Personen erschossen und anschließend deren Verwandte und Nachbarn gezwungen haben, die Leichen beizusetzen. Seitdem sind Hunderte weitere Haitianer extralegalen Hinrichtungen zum Opfer gefallen, in erster Linie Anhänger von Präsident Aristide sowie Bewohner der Armenviertel von Port-au-Prince, wo sich immer wieder Bürgerproteste gegen die neue Regierung regen.

In einigen Ländern finden extralegale Hinrichtungen unter dem Deckmantel der „Kriminalitätsbekämpfung“ statt. Seit der Polizeichef der indonesischen Hauptstadt Jakarta 1989 die Ordnungskräfte dazu angehalten hat, ohne Vorwarnung von der Schußwaffe Gebrauch zu machen, sind dort mehr als 30 „straftatverdächtige“ Personen von der Polizei willkürlich erschossen worden. Auch aus Pakistan und Venezuela hat amnesty international von derartigen Vorfällen Kenntnis erhalten.

Regierungen mögen sich durch Entwicklungen bedroht fühlen, die sie nur zum Teil durch eigenes Handeln ausgelöst haben. Die Existenz einer bewaffneten Opposition oder einer gewaltfreien, aber um so entschiedeneren politischen Reformbewegung, eine hohe Verbrechensrate oder gewalttätige Auseinandersetzungen zwischen einzelnen Bevölkerungsgruppen können niemals politische Morde oder das „Verschwindenlassen“ rechtfertigen. Repression ist ein völlig untaugliches Mittel, Probleme beizulegen und langfristig zu lösen. Auch wenn es noch Jahrzehnte dauern mag, eines Tages werden Regierungen, die ihre eigenen Bürger ermorden lassen, den Preis für ihr grausames Tun zahlen müssen.

Die folgende Aussage stammt von Generalmajor Khin Nyunt, Erster Sekretär des in Myanmar regierenden Staatsrats zur Wiederherstellung von Recht und Ordnung und gleichzeitig Chef des Militärischen Nachrichtendienstes des Landes: „Das Kriegsrecht bedeutet nicht mehr und nicht weniger, als daß der Wille des die Armee kommandieren Generals ausgeführt wird; Kriegsrecht bedeutet faktisch völlige Rechtlosigkeit." Die Äußerung datiert vom Mai 1991.

Die Militärregierung in Myanmar, vertreten durch den Staatsrat, empfindet offenbar keinerlei Scham über die Art und Weise, in der ihre Truppen systematisch gegen die Menschenrechte der Bürger des Landes verstoßen. Mit dem Tag ihrer Machtergreifung im September 1988 begann sie unverhohlen jedweden Ausdruck abweichender politischer Meinung erbarmungslos zu unterdrücken. Innerhalb weniger Tage wurden mindestens 1000 Menschen, die sich an landesweiten Protestaktionen gegen die Militärherrschaft beteiligt hatten, von Soldaten erschossen. Seitdem bestimmt brutale Repression den Alltag der Bevölkerung in Myanmar; die Sicherheitskräfte können sich sicher wähnen, für die von ihnen begangenen Menschenrechtsverletzungen nicht zur Verantwortung gezogen zu werden. Die Nationale Liga für Demokratie, obwohl bei den Parlamentswahlen vom Mai 1990 mit überwältigender Mehrheit zur stärksten politischen Kraft gewählt, wird weiterhin von der Regierungsverantwortung ferngehalten, weil der Staatsrat keine Bereitschaft erkennen läßt, die Macht abzugeben.

amnesty international hat aus Myanmar eine Vielzahl von Berichten über extralegale Hinrichtungen erhalten, denen systematische Folterungen, Mißhandlungen oder Vergewaltigungen vorausgingen. Hunderttausende Menschen, darunter Strafgefangene und von Soldaten verschleppte Dorfbewohner, wurden von den Sicherheitskräften als Lastenträger zwangsverpflichtet. Viele haben die Torturen nicht überlebt. Sie starben an Erschöpfung oder infolge schwerer Mißhandlungen. Andere wurden erschossen, weil sie für das Lastenschleppen nicht mehr stark genug waren, sich Befehlen widersetzt oder zu fliehen versucht hatten. Wieder andere verloren ihr Leben, weil sie sich ihrer Zwangsverpflichtung zu entziehen versucht hatten. Zu den Opfern zählten selbst Kinder und schwangere Frauen.

Zur Zielscheibe politischer Morde geraten vor allem Angehörige der verschiedenen ethnischen Minderheiten Myanmars. In jüngster Zeit richtete sich die Repression in voller Härte gegen im Staat Rakhine lebende Moslems, was dazu führte, daß bis Juli 1992 mehr als eine halbe Million Menschen aus Angst um ihr Leben nach Bangladesch flüchteten.

Vermeintliche Anhänger aufständischer Gruppen werden, wie das Schicksal des 30jährigen Abdul Rahman aus Buthidaung belegt, skrupellos niedergeschossen. Ein Zeuge des Vorfalls erinnert sich:

„Er saß vor seinem Haus, als Agenten des MI-18 (des Militärischen Nachrichtendienstes) auftauchten und das Feuer auf ihn eröffneten. Sie haben ihn einfach erschossen, mitten auf der Straße. Sie behaupteten, er sei ein Aufständischer, dabei war er nichts weiter als ein ganz normaler Bauer."

Ähnlich wie in anderen Ländern bilden auch in Myanmar Operationen zur Aufstandsbekämpfung häufig den Kontext für politische Morde. Die Strategie der Armeeführung zur Niederschlagung von Rebellengruppen besteht unter anderem darin, daß ganze Regionen zu sogenannten „Free-fire"-Zonen erklärt werden, wo die Soldaten autorisiert sind, nach eigenem Ermessen von der Schußwaffe Gebrauch zu machen. In Gebieten, in denen ethnische Minderheiten ansässig sind, werden die Bewohner ganzer Gemeinden in „strategische Dörfer" umgesiedelt, wo sie strikten Ausgangssperren und Kontrollen unterliegen. Im Zuge ihrer Offensiven gegen Aufständische machen sich die Sicherheitskräfte der willkürlichen Tötung von Zivilpersonen schuldig; sie nehmen Massenverhaftungen vor, setzen Dorfbewohner während der Verhöre Folterungen aus und vergewaltigen Frauen. In einigen Landesteilen hat die Armee sämtliche Ortschaften zu „schwarzen Flecken“ erklärt. Wer dort angetroffen wird, muß damit rechnen, ohne Vorwarnung erschossen zu werden.

Der Staatsrat von Myanmar weist beharrlich jegliche Verantwortung für Menschenrechtsverletzungen von sich und verschließt die Augen vor dem erdrückenden Beweismaterial, das die Sicherheitskräfte schwerer Greueltaten überführt. Er hat die Verhängung und Fortdauer des Kriegsrechts als Maßnahme zum „Schutz des Staates vor dem Auseinanderbrechen“ zu rechtfertigen versucht und den Standpunkt vertreten, dies alles habe „mit Menschenrechten nichts zu tun“. Nach Kenntnis von amnesty international ist in Myanmar bislang keiner der für politische Morde oder sonstige Menschenrechtsverbrechen verantwortlichen Soldaten oder Polizisten vor Gericht zur Rechenschaft gezogen worden.

Auch in mehreren anderen Ländern wie etwa China und Irak, deren Regierungen nicht einmal den Anschein verantwortlichen menschenrechtlichen Handelns zu erwecken versuchen, haben Angehörige von Polizei, Armee und anderer staatlicher Organe offen und unverhohlen schwere Menschenrechtsverletzungen begangen. Anderenorts sind Regierungen auf die perfide Idee verfallen, „Todesschwadronen“ oder paramilitärische Einheiten ins Leben zu rufen oder zu protegieren, die das schmutzige Handwerk der Repression weiter betreiben. Ein ehemaliger Soldat der salvadoranischen Streitkräfte erläutert, was darunter zu verstehen ist:

„Anfang 1980 trat ich freiwillig einer Todesschwadron bei, wie man solche Kommandos in El Salvador nennt. Nach meiner Erfahrung existieren jedoch keine vom salvadorianischen Militär oder den Sicherheitsdiensten unabhängige Todesschwadronen. Es handelt sich schlichtweg um eine Art Dienst, den Angehörige der Streitkräfte verrichten, wenn sie keine Uni-

Das Foto zeigt die Leichen von 24 Männern, die 1989 von „Todesschwadronen" bei Kandy, im Süden Sri Lankas, getötet wurden.

form tragen. In Kreisen des Militärs wird auch nicht von 'Todesschwadronen' gesprochen, sondern von 'Einsätzen'."

„Todesschwadronen" können sich aus Angehörigen spezieller staatlicher Sicherheitsorgane oder regulärer Truppen zusammensetzen, aus Polizeibeamten oder Paramilitärs bestehen, die auf Befehle hin politische Morde verüben. In einigen Ländern existieren „Todesschwadronen" nicht wirklich, sondern nur im Propagandavokabular der Behörden, die von Polizei oder Armee begangene Tötungen gerne solch angeblich nicht greifbaren Gruppierungen anlasten, um von ihrer eigenen Verantwortung abzulenken. Oft erfindet man obskure Namen wie *Weiße Hand, Tod den Entführern, Geheimarmee oder Schwarze Katzen*, zum einen, um glauben zu machen, daß es sich um autonome und keineswegs um staatliche Kräfte handelt, zum anderen, um dem Terror noch eine zusätzliche Dimension zu verleihen. Sowohl Militärmachthaber als auch zivile Regierungen haben auf „Todesschwadronen“ gesetzt, um ein politisches Problem „schnell und endgültig“ aus dem Weg zu schaffen. Die Erfahrung lehrt, daß dort, wo Regierungen sich einmal für diese taktische Variante der Repression entschieden haben, sie über Jahre hinweg davon nicht mehr ablassen. Die argentinischen Militärmachthaber beispielsweise schickten erstmals 1973 „Todesschwadronen“ durchs Land. Als sie 1983 nach allgemeinen Wahlen die Macht an eine zivile Regierung abtreten mußten, bezifferte eine von offizieller Seite eingesetzte Kommission die Zahl der von „Todesschwadronen“ ermordeten Menschen mit rund 1 500 und die Zahl der „Verschwundenen“ mit mehr als 9 000.

In Argentinien ist das Gespenst der „Todesschwadronen“ inzwischen Vergangenheit, in anderen Staaten wie Kolumbien dagegen nach wie vor allgegenwärtig. Dort begannen die Militärs erstmals 1978, als „Todesschwadronen“ getarnt, die Bevölkerung zu terrorisieren. In den 80er Jahren stieg die Zahl der politischen Morde stetig an und erreichte 1988 mit rund 3 500 Opfern einen vorläufigen Höhepunkt. Seitdem sind in dem südamerikanischen Land Jahr für Jahr rund 1 500 Menschen von verdeckt operierenden Sicherheitskräften, die ihre Untaten als „Todesschwadronen“ bemänteln, getötet worden. Weitere mindestens 1 500 Zivilisten sind seit 1978 in Kolumbien dem „Verschwindenlassen“ zum Opfer gefallen.

Die kolumbianischen Behörden beharren seit Jahren darauf, daß es sich bei den im Lande operierenden „Todesschwadronen“ um zivile Vigilantengruppen handelt, die sich jeglicher staatlichen Kontrolle entzögen. Die Beweislage straft sie Lügen. So behaupteten beispielsweise Sprecher des Militärs, bei einer unter der Bezeichnung *Tod den Entführern* bekannten „Todesschwadron“, die im Jahre 1982 mit ihren zahlreichen Mordanschlägen Angst und Schrecken verbreitete, handele es sich um ein von der kriminellen Unterwelt zur Bekämpfung der Guerillakräfte ins Leben gerufenes Kommando. Ermittlungen von seiten der Generalstaatsanwaltschaft Kolumbiens hingegen führten ein Jahr später zu der Erkenntnis, daß insgesamt 59 aktive Militärs an Übergriffen, die man gemeinhin der Gruppe *Tod den Entführern* angelastet hatte, direkt beteiligt gewesen waren. In einem dem Parlament 1986 unterbreiteten Bericht erläuterte der Generalstaatsanwalt seine Auffassung, daß Angehörige der Streitkräfte die „Todesschwadron" als Deckmantel benutzt haben, um „im Verborgenen das tun zu können, was ihnen offiziell nicht erlaubt war".

Oft gehen politische Morde auch auf das Konto paramilitärischer Gruppen, die aus bewaffneten Zivilisten bestehen, in unterschiedlichem Ausmaß staatlicher Kontrolle unterliegen und ohne Schwierigkeiten zu identifizieren sind. Sie genießen die Protektion ihrer Regierungen und handeln in Übereinstimmung mit den regulären Polizei- und Militärkräften. Doch ähnlich wie bei den „Todesschwadronen" lassen sich die Regierungen dennoch nicht die Verantwortung für illegale Handlungen ihrer paramilitärischen Anhänger anlasten.

Die philippinische Regierung hat seit 1987 als Teil ihrer Strategie zur Aufstandsbekämpfung die Bildung halboffizieller paramilitärischer Verbände unterstützt und vorangetrieben. Diese Gruppen erhalten in der Regel nur eine minimale Ausbildung und disziplinarische Schulung. Sie werden von den Polizei- und Militärbehörden im Namen der „nationalen Sicherheit" zu gesetzeswidrigen Handlungen ermutigt und angestiftet. Darüber hinaus existieren auf den Philippinen inoffizielle „Vigilantengruppen", deren Aktivitäten amtlicherseits ebenfalls geduldet werden. In den zurückliegenden Jahren haben sich sowohl paramilitärische Kräfte als auch Vigilanteneinheiten Hunderter politischer Morde schuldig gemacht.

Die paramilitärischen Regionalen Bürgerwehren, unter der Bezeichnung Citizen Armed Force Geographical Unit (CAFGU) zusammengefaßt, wurden 1987 unter Berufung auf verfassungsrechtliche Bestimmungen ins Leben gerufen, welche die Bildung einer „bewaffneten Bürgerwehr“ ermöglichen. Ihre Mitglieder rekrutieren sich vielfach aus den unter Präsident Marcos mutmaßlich für schwere Menschenrechtsverletzungen verantwortlichen sogenannten Kommunalen Bürgerwehren, deren Auflösung Präsidentin Aquino 1987 versprochen hatte. Seit ihrem Bestehen sollen CAFGU-Einheiten, die offiziell vom Militär ausgebildet und ausgerüstet werden und – zumindest theoretisch – auch gegenüber den Streitkräften rechenschaftspflichtig sind, zahlreiche Menschen extralegal hingerichtet haben.

Gleichfalls 1987 hat die philippinische Regierung die Bildung sogenannter Ziviler Selbstverteidigungsorganisationen autorisiert, bei denen es sich vorgeblich um Nachbarschaftsgruppen handelt, die ihre Ortschaften vor Übergriffen schützen sollen. Auch diese Einheiten wurden mit politischen Morden und anderen Verstößen in Verbindung gebracht. Darüber hinaus haben sich „Vigilantengruppen“ wie die *Alsa Masa*, eine ausnehmend politische Organisation mit strikt antikommunistischer Zielrichtung, die nachweislich für verbreitete Menschenrechtsverbrechen Verantwortung trägt, die Strukturen der Selbstverteidigungsorganisationen zunutze gemacht und ihre Operationen unter deren Deckmantel ausgeführt. Ungeachtet eines verfassungsrechtlichen Verbots inoffizieller bewaffneter Gruppen hat das philippinische Militär sowohl die Selbstverteidigungsorganisationen als auch „Vigilanteneinheiten“ an Offensiven gegen Aufständische beteiligt.

In anderen Ländern heuern Regierungen Zivilisten an, denen sie gegen Bezahlung Mordaufträge erteilen. Ein in der Türkei aufgezeichnetes Telefongespräch zwischen einem Gefangenen und einem Hauptmann der Gendarmerie, in Auszügen abgedruckt in einer türkischen Tageszeitung, erhärtet beispielsweise den weithin geäußerten Verdacht, daß die Sicherheitskräfte des Landes Zivilpersonen zu politischen Morden an Mitgliedern der kurdischen Opposition anstiften.

Der 16jährige Rifat Akis, Anfang 1992 unter dem Verdacht

der Zugehörigkeit zur kurdischen Arbeiterpartei PKK festgenommen, sagte später aus, er sei vom Kommandeur der örtlichen Gendarmeriestation im Range eines Hauptmanns unter Drohungen aufgefordert worden, ein führendes Mitglied der Sozialdemokratischen Volkspartei zu ermorden. Zu diesem Zweck habe man ihm ein Gewehr und Handgranaten ausgehändigt. Die Familie von Rifat Akis wandte sich an einige Abgeordnete des türkischen Parlaments, die den Jugendlichen daraufhin zum Polizeipräsidium von Ankara brachten. Dort wurde ein Telefongespräch zwischen Rifat Akis und dem betreffenden Hauptmann der Gendarmerie aufgezeichnet, aus dem folgende Passagen stammen:

Rifat Akis: *Hallo hier ist Rambo Stes (sein Deckname).*

Hauptmann: Wo steckst Du?

Rifat Akis: *In Diyarbakir. Ich habe den Mann gefunden. Ich werde ihn erledigen.*

Hauptmann: *Sprich nicht so offen. Nicht am Telefon. Schaff' ihn beiseite und komm' anschließend hierher. Deine 20 Millionen* (rund 5 000 DM) *liegen bereit.*

Rifat Akis: *Wie soll ich es denn anstellen?*

Hauptmann: *Zünde die Granate und schleudere sie auf ihn. Verpaß' ihm Schüsse in den Kopf, aber nicht mehr als drei. Mach' Dir keine Gedanken. Wir haben alles arrangiert. Wir werden sagen, er sei von Terroristen getötet worden.*

Der Hauptmann befindet sich auch heute noch auf freiem Fuß und verrichtet unbehelligt seinen Dienst. Rechtliche Schritte sind anscheinend nicht eingeleitet worden.

ÜBERGRIFFE BEWAFFNETER POLITISCHER GRUPPEN

In den Abendstunden des 29. Mai 1991 befanden sich die zwei jungen Ugander David Ober und Alfred Ojoli, nachdem sie sich an einer Quelle gewaschen hatten, auf dem Heimweg, als eine Gruppe bewaffneter Soldaten auftauchte, die beiden in ihre Gewalt brachte und ihnen jeweils die rechte Hand abhackte.

Die für den Anschlag verantwortlichen Soldaten standen nicht im Sold der ugandischen Regierung. Es handelte sich um Rebellen der Vereinigten Christdemokratischen Armee, die die beiden jungen Männer beschuldigten, sich regierungsnahen Milizen – den sogenannten „Pfeil-Brigaden" angeschlossen zu haben. „Obwohl wir nicht einmal bewaffnet waren", so David Ober, „entschlossen sich die Rebellen, uns die rechte Hand abzuhacken, damit wir keine Pfeile mehr abschießen können."

Regierungen versuchen häufig unter Verweis auf derartige „terroristische Handlungen" oppositioneller Kräfte, Gewaltakte ihrer eigenen Truppen gegen die Bevölkerung des Landes zu rechtfertigen. Der für auswärtige Angelegenheiten zuständige Berater des srilankischen Präsidenten etwa vertrat 1990 gegenüber amnesty international die Position:

„Wenn Regierungskräfte es mit terroristischen Gruppen zu tun haben, deren Ideologie und Strategie sie zu Praktiken unvorstellbarer Barbarei greifen läßt, sind Exzesse kaum zu verhindern."

Es ist unbestritten, daß bewaffnete politische Gruppen weltweit schändlichste Greueltaten begangen haben. Sie haben Frauen vergewaltigt, unbewaffnete Zivilisten gefoltert und verstümmelt, Menschen vorsätzlich und willkürlich getötet, von denen keinerlei Bedrohung ausging und die auch nicht Teil des staatlichen Repressionsapparates waren. Unschuldige Bürger wurden als Geiseln genommen, in einigen Fällen, um sie gegenüber den Behörden als Druckmittel zu verwenden und von Regierungen Zugeständnisse zu erzwingen. Manche der Geiseln kamen später wieder frei, andere hingegen wurden ermordet.

Derartige Verbrechen müssen unterbunden und die Täter vor Gericht zur Rechenschaft gezogen werden. Unter keinen

Umständen dürfen sie als Rechtfertigung für staatliche Morde und das „Verschwindenlassen“ mißbraucht werden.

Im Norden Sumatras kämpft seit Mitte der 70er Jahre die Oppositionsgruppe *Aceh Merdeka* mit Waffengewalt für die Unabhängigkeit der dortigen Provinz Aceh von Indonesien. Seit dem Wiederaufflammen des bewaffneten Konflikts 1989 haben Mitglieder der Guerillaorganisation wiederholt als Kollaborateure der Regierung verdächtigte Personen willkürlich ermordet. amnesty international verurteilt derartige Tötungen uneingeschränkt und bedingungslos. Die Organisation hat die Anführer der *Aceh Merdeka* aufgerufen zu gewährleisten, daß alle ihre Einheiten die im humanitären Völkerrecht verankerten Normen achten.

Die indonesische Regierung hat auf die Aktivitäten der *Aceh Merdeka* mit brutaler Repression reagiert. Nach der Entsendung massiver Truppenverbände, darunter auch speziell für die Aufstandsbekämpfung ausgebildete Eliteeinheiten, wurden für die Bewohner der Provinz alsbald Vernichtungsfeldzüge gegen ganze Ortschaften und kaltblütige Morde zur allgegenwärtigen Bedrohung. Der staatliche Terror gegen die Zivilbevölkerung forderte mehr als 2 000 Tote. Einige Menschen wurden öffentlich hingerichtet, Hunderte andere zunächst in geheime Haft genommen und anschließend ebenfalls ermordet. Ihre häufig verstümmelten Leichen ließ man als Warnung für die übrige Bevölkerung auf Straßen und an anderen öffentlichen Plätzen einfach liegen. „Nun gut“, so der Kommentar eines Offiziers der Streitkräfte in Aceh, „so etwas passiert. Da sich die Rebellen terroristischer Methoden bedienen, sind wir gezwungen, Maßnahmen der Terrorismusbekämpfung zu ergreifen.“

Solange Hinrichtungen im Schnellverfahren und andere staatliche Übergriffe mit dem Euphemismus der „Terrorismusbekämpfung“ verbrämt werden, wird sich die Spirale der Gewalt unaufhaltsam weiterdrehen.

Über viele Jahre hinweg war es die Politik von amnesty

international, Übergriffe von Oppositionsgruppen zwar zu dokumentieren und publik zu machen, sich als Adressaten ihrer Anliegen und Forderungen aber ausschließlich an Regierungen zu wenden. Die Organisation hat die Folterung oder Tötung gefangengenommener Personen grundsätzlich verurteilt, unabhängig von der Frage, ob oppositionelle Gruppen oder staatliche Kräfte dafür verantwortlich waren; direkte Ansprechpartner blieben allerdings allein Regierungen als die für die Durchsetzung internationaler Übereinkommen zum Schutz der Menschenrechte verantwortlichen Organe. Den Entwicklungen der letzten Jahre, vor allem der Ausweitung und Zuspitzung sezessionistischer und nationalistischer Konflikte, hat amnesty international 1991 mit einer Erweiterung ihres Mandats Rechnung getragen, die eine weitaus aktivere Rolle bei der Intervention gegen Übergriffe durch bewaffnete Oppositionsgruppen und De-facto-Machthaber ermöglicht. Nach der neuen Beschlußlage wendet sich amnesty international nicht nur gegen die Folterung und Tötung von Gefangenen durch bewaffnete politische Gruppen, sondern auch gegen Geiselnahmen sowie vorsätzliche und willkürliche Morde durch deren Mitglieder. Die vorsätzliche Tötung von Zivilisten, von denen keine unmittelbare Gefahr ausgeht, oder von gefangengenommenen Soldaten, die ihre Waffen bereits gestreckt haben oder verwundet sind, stellt ohne jeden Zweifel einen Willkürakt dar. Selbst die für kriegerische Auseinandersetzungen geltenden Prinzipien über die Anwendung von Gewalt, insbesondere die im humanitären Völkerrecht verankerten Grundsätze, verbieten derartige Handlungen.

Aufgrund der geänderten Beschlußlage kann sich amnesty international für einen größeren Kreis von Menschen einsetzen, die von Übergriffen durch bewaffnete politische Gruppen gefährdet sind. Die Organisation verfolgt mit ihrer neuen Politik das Ziel, auf Oppositionsgruppen zugunsten der Opfer von Übergriffen einzuwirken. Ihr traditioneller Ansatz, Regierungen an ihren internationalen Verpflichtungen zu messen und von ihnen Rechenschaft für Menschenrechtsverletzungen einzufordern, bleibt davon unberührt.

Geiselnahmen sowie vorsätzliche und willkürliche Tötungen durch politische Oppositionsgruppen gehören in allen Teilen der Welt zu bitteren Realität für die dort lebenden Menschen. Auf dem afrikanischen Kontinent haben endlose Bürgerkriege und bewaffnete Konflikte mit zum Teil internationalen Dimensionen zahlreiche Staaten erschüttert. Bewaffnete Oppositionsgruppen haben vielfach die Zivilbevölkerung als legitimes Ziel ihrer Übergriffe betrachtet. So müssen sich Einheiten der RENAMO, der Nationalen Widerstandsbewegung von Mosambik, den Vorwurf gefallen lassen, annähernd zwei Jahrzehnte lang Greueltaten an unbewaffneten Zivilisten verübt und gefangengenommene Personen verstümmelt und ermordet zu haben. Die RENAMO-Führung hat derartige Anschuldigungen stets zurückgewiesen und war zu keinen Maßnahmen bereit, um Übergriffe zu verhindern.

Flügelkämpfe innerhalb der oppositionellen Sudanesischen Volksbefreiungsarmee, die weite Teile des Südens Sudans kontrolliert, lösten eine Entwicklung aus, die geprägt war von zunehmenden Gewaltakten von Rebellen gegen unbewaffnete Zivilisten. Im August 1991 spaltete sich die Volksbefreiungsarmee in zwei Fraktionen: den Nasir-Flügel und den von John Garang de Mabior angeführten Torit-Flügel. Im September 1992 bildete sich noch eine dritte Splittergruppe, Gruppe der Einheit genannt, heraus. Infolge der Kampfhandlungen zwischen den rivalisierenden Fraktionen sind Zehntausende Südsudanesen aus ihren Dörfern vertrieben worden. Sowohl vom Torit- als auch vom Nasir-Flügel ist bekannt, daß sie schwere Greueltaten begangen haben.

Ende 1991 beispielsweise fielen Einheiten des Nasir-Flügels rund um die Städte Bor und Kongor in Dörfer ein, die von Angehörigen der ethnischen Gruppe der Dinka bewohnt sind. Sie töteten vorsätzlich Hunderte Zivilisten und verschleppten nach vorliegenden Erkenntnissen mehrere Frauen und Kinder.

Torit-Kräfte richteten im Mai 1992 in mehreren Ortschaften in der Umgebung der Stadt Kapoeta Massaker an, die sich gegen die ethnische Gemeinschaft der Toposa richteten. Bei den Tötungen handelte es sich um einen Akt der Vergeltung, nachdem zuvor regierungsnahe Toposa-Milizen während eines Angriffs auf Kapoeta auf der Flucht befindliche Menschen niedergemetzelt hatten. Im September 1992 wurden drei ausländische Mitarbeiter von Hilfsorganisationen sowie ein Journalist von Rebellen vorsätzlich getötet. Der Torit-Flügel machte Dissidenten der Gruppe der Einheit für die Tat verantwortlich, spätere Nachforschungen begründen jedoch den Verdacht, daß in Wirklichkeit Torit-Kräfte die Morde begangen haben. Offenbar aus Rache für das Ende 1991 an Dinka-Angehörigen verübte Massaker überfielen Torit-Einheiten im April 1993 von Nuer bewohnte Ortschaften sowie Zentren für Nahrungsmittelverteilung. Bei den Anschlägen starben erneut Hunderte Zivilisten, unter ihnen wehrlose hungernde Menschen.

In Südafrika, dem letzten Staat des afrikanischen Kontinents, in dem sich eine weiße Minderheitsregierung an der Macht befindet, werden ungeachtet politischer Reformbemühungen weiterhin mißliebige Bürger hinter Gefängnismauern zum Schweigen gebracht, gefoltert oder ermordet. Aber auch der oppositionelle Afrikanische Nationalkongreß (ANC) hat inzwischen eingestanden, Ende der 70er und in den 80er Jahren in den von ihm in mehreren afrikanischen Staaten unterhaltenen Lagern Gefangene gefoltert, mißhandelt und exekutiert zu haben. Bei den Opfern handelte es sich in der Mehrzahl um Mitglieder des militärischen Flügels der Organisation, die mit der Politik der Führung des Nationalkongresses in einigen Punkten nicht einverstanden gewesen waren. Schauplatz der Greueltaten waren vor allem Lager in Angola, Sambia, Tansania und Uganda. In einigen Fällen wurden sie mit aktiver Unterstützung der jeweiligen Regierungen verübt. Der Präsident des Afrikanischen Nationalkongresses, Nelson Mandela, hat auf die Ergebnisse einer internen Untersuchung der

Vorfälle mit der Versicherung reagiert, daß seine Organisation die volle Verantwortung für die begangenen Übergriffe und Grausamkeiten übernehme.

Auf dem amerikanischen Kontinent zählen Geiselnahmen, vorsätzliche Morde an Zivilisten und Hinrichtungen im Schnellverfahren ebenfalls zu den von bewaffneten Oppositionsgruppen in ihrem Kampf gegen den Staat angewandten Praktiken. Die peruanische Guerillaorganisation *Sendero Luminoso* trat erstmals im Mai 1980, zwei Monate, bevor nach zehn Jahren Militärherrschaft in Peru wieder eine gewählte Zivilregierung die Amtsgeschäfte übernahm, mit einem gewalttätigen Anschlag in Erscheinung. Seitdem überzieht sie das Land mit einer Kampagne des Terrors. 1984 nahm eine weitere Oppositionsgruppe, die Revolutionäre Bewegung Túpac Amaru, den bewaffneten Kampf gegen den peruanischen Staat auf. Auch ihre Mitglieder haben sich schwerer Übergriffe schuldig gemacht.

Der Terror der Guerillakräfte und der Gegenterror der Regierungstruppen haben in Peru ein Klima der politischen Gewalt erzeugt, von dem nahezu alle Landesteile in Mitleidenschaft gezogen worden sind. Zwar existieren keine exakten Angaben über die Gesamtzahl der seit Ausbruch des Konflikts getöteten Menschen, seriöse Quellen jedoch beziffern die Zahl der Opfer mit mehr als 25 000. Nach ihren Berechnungen gehen 45 Prozent der Tötungen auf das Konto des *Sendero Luminoso* und ein Prozent auf das der Revolutionären Bewegung Túpac Amaru, während 53 Prozent der Todesfälle von den Sicherheitskräften zu verantworten sind. Ein Großteil dieser Tötungen, ob von Regierungstruppen oder Guerillaverbänden verübt, ist vorsätzlich und willkürlich erfolgt. Es handelte sich um nichts anderes als Mord.

Der *Sendero Luminoso* hat eine Vielzahl von Strategien entwickelt, um sein Ziel – die Zerschlagung aller staatlichen Institutionen – zu erreichen. Er hat zum Boykott von Kommunal-, Parlaments und Präsidentschaftswahlen aufgerufen, wahlwillige Peruaner und diejenigen, die sich zur Wahl stellen wollten, bedroht und ermordet. Den Anschlägen des *Sendero Luminoso* sind Hunderte Kommunalpolitiker, Bürgermeister, Regierungsfunktionäre und Verwaltungsbeamte zum Opfer gefallen.

Zum Kreis der von Senderistas vorsätzlich getöteten Peruaner zählen ferner Mitglieder nichtstaatlicher Menschenrechtsorganisationen; Journalisten; Priester, Nonnen und andere Gläubige der römisch-katholischen und der evangelischen Kirche; politische Aktivisten aller Parteien; führende Mitglieder von Volksorganisationen, die den Zielen und Praktiken der Guerillas ablehnend gegenüberstanden. Darüber hinaus wurden Tausende Bauern, die sich dem *Sendero Luminoso* nicht hatten anschließen wollen oder die in den Verdacht geraten waren, mit den Militärs zu kollaborieren, im Schnellverfahren hingerichtet.

Ein Vorfall aus jüngster Zeit, dem in ähnlicher Form unzählige andere vorausgegangen sind, macht erschreckend deutlich, wie wenig Achtung die Rebellen des *Sendero Luminoso* dem menschlichen Leben entgegenbringen. In der Nacht des 10. Oktober 1992 drangen Senderistas in die Ortschaft Huayllao im Departement Ayacucho ein und metzelten 47 Dorfbewohner nieder, darunter 14 Kinder im Alter zwischen vier und 15 Jahren. Der Bürgermeister des Bezirks Tambo, in dem Huayllao liegt, bezeichnete den Vorfall als „eines der entsetzlichsten Massaker, das jemals in unserem Departement verübt worden ist.... Es war ein unbeschreiblicher, bestialischer Anschlag, der alte Menschen, Kinder und wehrlose Frauen das Leben gekostet hat."

Den *Sendero Luminoso* scheinen derartige Greueltaten nicht zu berühren. So heißt es in einem internen Papier der Organisation von 1991: „... Die Position (des *Sendero Luminoso*) ist eindeutig. Wir lehnen die Menschenrechte ab, weil sie reaktionäre, konterrevolutionäre und bourgeoise Rechte darstellen. Sie sind die Waffe der Revisionisten und Imperialisten, vor allem der Yankee-Imperialisten." Daß der *Sendero Lumi-*

noso in Kampagnen zugunsten in staatlichen Gefängnissen einsitzender Mitglieder der Organisation ausdrücklich auf eine Reihe international verankerter Menschenrechte und humanitärer Standards Bezug nimmt, stellt die Eindeutigkeit der oben formulierten Position zumindest in Frage.

In Kolumbien zeichnen Guerillagruppen wie die Revolutionären Streitkräfte von Kolumbien und die Nationale Befreiungsarmee für zahlreiche Anschläge verantwortlich, bei denen Zivilisten vorsätzlich getötet wurden. Unzählige Menschen wurden zwecks Erpressung von Lösegeld entführt und einige von ihnen später ermordet. Andere Personen, darunter Journalisten und Regierungsangestellte, haben Guerillaeinheiten als Geiseln genommen und bisweilen über lange Zeiträume hinweg in Gefangenschaft gehalten. Oftmals wurden die Geiseln später mit einer Botschaft an die kolumbianische Regierung, die Vorschläge für die Aufnahme von Friedensverhandlungen enthielt, wieder freigelassen. Darüber hinaus entführten Guerillakräfte gezielt Verwaltungsbeamte, um die Behörden unter Druck zu setzen, den betreffenden Personen zur Last gelegte Korruptionspraktiken zu untersuchen. Erst wenn entsprechende offizielle Zusicherungen vorlagen, ließen sie ihre Geiseln wieder frei.

In Asien und im pazifischen Raum waren bewaffnete Oppositionsgruppen gleichfalls für Geiselnahmen und die vorsätzliche Tötung von wehrlosen Zivilisten verantwortlich. Derartige Greueltaten wurden beispielsweise aus einer Reihe indischer Bundesstaaten gemeldet, unter anderem aus Dschammu und Kaschmir, Punjab und Andhra Pradesch. So haben im Punjab bewaffnete Separatisten Tausende Zivilisten vorsätzlich getötet. Hindus wurden gewaltsam aus Zügen gezerrt und anschließend liquidiert. In Dschammu und Kaschmir haben Separatistengruppen Zivilpersonen entführt und ermordet. Sie haben Menschen als Geiseln genommen, Gefangene gefoltert und in ihrem Gewahrsam befindliche Frauen vergewaltigt. In Andhra Pradesch wurden als Polizeiinformanten verdächtigte Bürger von bewaffneten Oppositionsgruppen verstümmelt oder getötet.

In Sri Lanka ist die von bewaffneten Oppositionsgruppen ausgehende Gewalt in den zurückliegenden Jahren stetig eskaliert, eine Entwicklung, die nicht zuletzt durch die brutale staatliche Repression mit ausgelöst worden ist. So richteten sich Ende der 70er und Anfang der 80er Jahre die Anschläge der militanten Befreiungstiger von Tamil Eelam, die für einen eigenständigen Staat Tamil Eelam kämpfen, im wesentlichen gegen staatliche Einrichtungen. Erst später begannen sie, mit Sprengstoffanschlägen auf Busstationen oder Angriffen auf singhalesische und moslemische Dorfgemeinschaften auch die Zivilbevölkerung zu terrorisieren. Inzwischen erzwingen sich die Befreiungstiger in den von ihnen kontrollierten Gebieten Zustimmung für ihre Ziele, indem sie rivalisierende Gruppen mit äußerster Gewalt gnadenlos bekämpfen.

Rebellen der Befreiungstiger haben sich schändlichster Übergriffe schuldig gemacht. Sie haben Hunderte moslemische und singhalesische Zivilisten bei Angriffen auf deren Dörfer oder bei Anschlägen auf vollbesetzte Busse und Bahnen getötet. Von ihnen gefangengenommene Personen wurden gefoltert und ermordet. Sie haben zwecks Erpressung von Lösegeld Menschen entführt und vermeintliche Informanten der Regierung hingerichtet.

amnesty international liegt der Bericht eines Augenzeugen vor, der miterleben mußte, wie die Befreiungstiger am 6. Juli 1992 des Verrats beschuldigte Gefangene in aller Öffentlichkeit exekutierten. Nach seinen Angaben wurden die zehn angeblichen Verräter, darunter zwei Frauen, von Soldaten der Befreiungstiger in einem Fahrzeug zum Verkehrsknotenpunkt von Paranathal gebracht und angewiesen, sich dort auf bereits aufgestapelte Sandsäcke zu stellen, um zu verhindern – so der Augenzeuge – daß „auf dem Boden Blutspuren zurückbleiben“. Anschließend wurden die Gefangenen im Beisein einer riesigen Menschenmenge, die dem widerwärtigen Spektakel nicht freiwillig zuschaute, sondern dazu gezwungen worden war, aufgefordert, ein Geständnis über ihre Spitzeltätigkeit für die Armee abzulegen. Als zwei der Gefangenen ihre Unschuld beteuerten und während der Verhöre gemachte Aussagen als falsch und unter Schlägen erpreßt bezeichneten, gab einer der Soldaten den Befehl, mit der Hinrichtung zu beginnen. Alle zehn Häftlinge wurden durch Schüsse in den Rücken getötet. Anschließend schlugen die Rebellen einem der Exekutierten den Kopf ab und zwangen eine vorbeifahrende Autofahrerin, den in eine Pappschachtel gelegten Kopf dem Wachdienst des Armeecamps in Vavuniya auszuhändigen.

Übergriffe oppositioneller Gruppen haben auch in anderen asiatischen Staaten wie etwa Afghanistan, Bangladesch, Kambodscha, Papua-Neuguinea und den Philippinen Menschenleben gefordert. In Kambodscha haben die Roten Khmer mit ihren Terrorakten die unter Aufsicht der Vereinten Nationen im Mai 1993 abgehaltenen Wahlen zu sabotieren versucht. Zwar haben die Wahlen dennoch stattgefunden, die zukünftige Entwicklung in Kambodscha aber bleibt abzuwarten. Die Chancen für die Einkehr rechtsstaatlicher Verhältnisse sind vorhanden; ob sie genutzt werden, muß mit einigen Fragezeichen versehen werden.

Der Fall der Berliner Mauer 1989 hat in vielen Teilen Europas die Hoffnung auf einen verbesserten Schutz der Menschenrechte aufkeimen lassen. Die Realität jedoch hat die Hoffnungen so vieler Menschen zunichte gemacht. Mit dem Ausbruch ethnischer und nationalistischer Konflikte, die in zahlreichen europäischen Staaten zu offenen Bürgerkriegen eskaliert sind, gehen ungeheure Menschenrechtsverbrechen einher – nicht nur im ehemaligen Jugoslawien, auch in mehreren Republiken der einstigen Sowjetunion.

Der von der Weltöffentlichkeit weitgehend nicht zur Kenntnis genommene Bürgerkrieg in Tadschikistan beispielsweise, ausgetragen zwischen Regierungskräften und einer Koalition oppositioneller Gruppen, hat nach offiziellen Schätzungen annähernd 20000 Menschenleben gekostet und mehr als 600000 Bürger – rund ein Zehntel der Gesamtbevölkerung – zu Flüchtlingen werden lassen. Nachdem Regierungstruppen im Dezember 1992 die tadschikische Metropole Duschanbe wieder unter ihre Kontrolle gebracht hatten, spielte sich dort in den darauffolgenden Wochen eine Menschenrechtstragödie unvorstellbaren Ausmaßes ab. Auch die aus anderen Landesteilen eintreffenden Meldungen lassen schwerste Greueltaten durch ausnahmslos alle Konfliktparteien befürchten.

In anderen europäischen Staaten fordern bewaffnete politische Gruppen bereits seit Jahren mit gewalttätigen Anschlägen die Staatsgewalt heraus. In Großbritannien und Nordirland etwa haben Mitglieder der Irisch-Republikanischen Armee wiederholt sowohl Zivilisten als auch gefangengenommene vermeintliche Informanten der Regierung getötet. Protestantische Gruppen, wie etwa die Freiwilligen Streitkräfte von Ulster und die Vereinigung zur Verteidigung von Ulster, müssen sich ebenfalls Übergriffe vorhalten lassen. Sie haben wahllos Angehörige der katholischen Minderheit getötet und ihre Aktionen als „Vergeltungsschläge" für Gewaltakte der Irisch-Republikanischen Armee ausgewiesen. Auch angebliche Verräter sind ihren Mordanschlägen zum Opfer gefallen. In Spanien haben Mitglieder der baskischen Separatistenorganisation ETA mit Vorsatz sowohl Zivilisten als auch Angehörige der Sicherheitskräfte getötet.

In der Türkei zeichnete die Kurdische Arbeiterpartei PKK allein 1992 für die „Hinrichtung" von mehr als 100 gefangengenommenen Personen verantwortlich. Zu ihren Opfern zählten Lehrer, Mitglieder offizieller Dorfschutzeinheiten und als Polizeiinformanten verdächtigte Personen. Im Oktober 1992 beispielsweise drangen Berichten zufolge PKK-Einheiten in die Ortschaft Cevizdali in der Provinz Bitlis ein und entwaffneten die anwesenden Dorfschützer. Kurz darauf kam es am Rande der Ortschaft zu einem Schußwechsel zwischen einer kleinen Gruppe der Rebellen und anrückenden Einheiten eines nahegelegenen Sicherheitspostens. Die in Cevizdali verbliebenen PKK-Kämpfer sollen unmittelbar, nachdem die ersten Schüsse gefallen waren, das Feuer auf die versammelten Dorfbewohner eröffnet und dabei 37 Menschen – darunter Kinder – getötet haben. Der bewaffneten Oppositionsgruppe *Devrimci Sol* wurde ebenfalls angelastet, vermeintliche Verräter ermordet zu haben.

In Ländern des Mittleren Ostens wie etwa Algerien und Ägypten, wo militante islamische Gruppen mit Attentaten auf Polizeibeamte und Zivilisten zunehmend Terror verbreiten und die Regierungen zu drastischen Gegenmaßnahmen gegriffen haben, ist eine deutliche Verschlechterung der Menschenrechtssituation zu beklagen. Ähnlich wie im Fall des Schriftstellers Farag Foda aus Ägypten haben Oppositionsgruppen wiederholt Menschen nur deshalb ermordet, weil sie mit deren Meinungen und Standpunkten nicht übereinstimmten. Farag Foda, ein erklärter Gegner militanter islamischer Gruppen, wurde im Juni 1992 von zwei Männern erschossen, sein 15jähriger Sohn bei dem Anschlag verletzt. Die Verantwortung für das Attentat übernahm die oppositionelle Gruppe *Al-Gama'a al-Islamiya.*

Im Libanon haben die verschiedenen dort operierenden Milizen über Jahre hinweg Menschen als Geiseln genommen und Zivilisten vorsätzlich und willkürlich getötet. Die Publizität der Schicksale ausländischer, vor allem westeuropäischer Geiseln hat weitgehend den Blick darauf verstellt, daß in den zurückliegenden Jahren Tausende Libanesen und Staatsbürger anderer arabischer Länder aus ihrem Lebenszusammenhang herausgerissen oder getötet worden sind.

In den von Israel besetzten Gebieten tragen Palästinenser, darunter Angehörige bewaffneter politischer Gruppen, Verantwortung für den Tod Hunderter Menschen. Allein in den ersten fünf Monaten des Jahres 1993 haben sie 14 israelische Zivilisten und rund 50 Palästinenser ermordet, denen sie vielfach „Kollaboration" mit den israelischen Behörden vorwarfen. Einige der Opfer sahen sich vor ihrem Tod Verhören und Folterungen ausgesetzt. Sprecher der Palästinenser, darunter auch führende Mitglieder der Palästinensischen Befreiungsorganisation, haben zwar die Anwendung der Folter und die willkürliche Tötung vermeintlicher „Kollaborateure“ verurteilt und einen Katalog von Verhaltensmaßregeln herausgegeben, grundsätzlich scheinen sie jedoch der Ansicht zu sein, daß „Kollaborateure“ durchaus mit dem Tode bestraft werden dürfen, sofern dafür im Einzelfall die Zustimmung der obersten Führung der Palästinenser eingeholt worden ist.

Vor allem in den von der irakischen Kurdistan-Front kontrollierten Gebieten im Norden Iraks, wo seit Juli 1992 ein Ministerrat Verwaltungsaufgaben wahrnimmt, haben Gegner der irakischen Regierung Gefangene gefoltert und mißhandelt, Angeklagte nach unfairen Prozessen zum Tode verurteilt und Menschen vorsätzlich und willkürlich getötet. Im Oktober 1991 etwa haben bewaffnete kurdische Einheiten nach Angriffen irakischer Truppen auf Wohngebiete in Sulaimaniya rund 60 Soldaten festgenommen und sie anschließend im Schnellverfahren hingerichtet. Als Ergebnis einer von der irakischen Kurdistan-Front veranlaßten Untersuchung des Vorfalls wurden 14 Kurden, die größtenteils kurdischen politischen Organisationen nahestanden, als Tatverdächtige identifiziert und verhaftet. Sie kamen allerdings 1992 wieder frei, nachdem die Führung der Kurdistan-Front sich für die Einstellung der Ermittlungen entschieden hatte.

Ein Blick in diejenigen Länder, in denen bewaffnete politische Gruppen aktiv sind, zeigt deren ungemeine Verschiedenartigkeit. Einige haben sich internationale Sympathie und Unterstützung erworben und stehen kurz davor, in ihrem Land die Regierungsverantwortung zu übernehmen. Andere stützen sich lediglich auf eine Handvoll schlecht bewaffneter Kader. Ihr Überleben verdanken sie allein der logistischen Unterstützung der Bevölkerung oder ihrer erfolgreichen Taktik, sich in entlegene und unzugängliche Landesteile zurückzuziehen.

Die Haltung von amnesty international gegenüber bewaffneten politischen Gruppen ist von strikter Unparteilichkeit geprägt, was sich unter anderem in der Verwendung einer bewußt neutralen Terminologie widerspiegelt. Derartige Organisationen mögen von Regierungen als „Terroristen" und von ihren Anhängern als „Freiheitskämpfer" bezeichnet werden: für amnesty international sind es stets „bewaffnete Oppositionsgruppen".

amnesty international nimmt zur Frage der Legitimität oder Illegitimität von Aufständen keine Stellung. Sie verurteilt nicht die Anwendung von Gewalt durch Oppositionsgruppen an sich, sondern von ihnen zu verantwortende Verstöße gegen die Menschenrechte. Die Organisation vertritt nicht die Position, daß politische Ziele niemals die Anwendung von Gewalt rechtfertigen können. Ihr geht es einzig und allein darum zu verhindern, daß an Konflikten unbeteiligte Menschen als Geiseln genommen, gefoltert oder getötet werden.

Niemand hat das Recht, einem anderen Menschen Folterqualen zuzufügen oder ihn zu töten, weder Regierungssoldaten noch Rebellen. Wo die Grundprinzipien des humanitären Völkerrechts, die ein absolutes Verbot derartiger Praktiken enthalten, mißachtet werden, bleibt die Hoffnung auf Frieden oder Gerechtigkeit Utopie.

DIE OPFER

REGIERUNGSKRITIKER

Es wird sich kein Land auf dieser Erde finden, in dem eine Regierung in der Bevölkerung rückhaltlose Unterstützung genießt. Kritische Stimmen wird es immer geben. Doch einige Regierungen verschließen sich dieser Binsenwahrheit und versuchen, mit allen ihnen zur Verfügung stehenden Mitteln, abweichende Meinungen zu unterdrücken.

Die jüngste Geschichte des Irak, wo in den zurückliegenden Jahren Hunderttausende Menschen von Regierungskräften ermordet worden sind, legt von derartigen Versuchen ein grimmiges Zeugnis ab. Viele haben nur deshalb ihr Leben verloren, weil sie einer Bevölkerungsgruppe angehörten, die von den Machthabern in Bagdad kollektiv als regierungsfeindlich angesehen wurde.

Im März 1988 beispielsweise starben bei einem Giftgasangriff irakischer Truppen auf die von Kurden bewohnte Stadt Halabja schätzungsweise 5 000 Männer, Frauen und Kinder. Möglicherweise wäre diese Massenliqidierung von Kurden niemals publik geworden, hätten nicht Journalisten vom benachbarten Iran aus den erfolgreichen Versuch unternommen, in die nahe der Grenze gelegene Stadt vorzudringen. Inzwischen treten zunehmend mehr Informationen dafür zutage, daß Halabja kein Einzelfall gewesen ist, sondern nur ein Massaker in einer endlosen Reihe von Massenmorden durch irakische Regierungstruppen.

Die irakischen Sicherheitskräfte haben ein schier unerschöpfliches Repertoire an Methoden ersonnen, um sich politischer Gegner zu entledigen. Menschen werden von Hinrichtungskommandos erschossen, lebendig begraben, in Flüsse geworfen oder vergiftet. Man läßt sie qualvoll verbluten, täuscht Autounfälle vor oder setzt todbringende chemische Waffen gegen sie ein. In den Haftanstalten des Landes sind Tausende Gefangene unter mysteriösen Umständen ums Leben gekommen oder an den Folgen der Folter gestorben.

In der Vergangenheit ließ sich häufig keine Aufklärung in die genauen Umstände der Tötungen bringen. Zum einen bestanden kaum Einreisemöglichkeiten in den Irak, zum anderen hat das vorherrschende Klima der Angst den Menschen im Land den Mund verschlossen. In jüngster Zeit hingegen gelangen verstärkt Informationen an die Außenwelt. Dazu zählen beispielsweise Videobänder der irakischen Geheim- und Sicherheitsdienste, auf denen – für die Nachwelt dokumentiert – viele der von irakischen Regierungsagenten verübten Barbareien festgehalten worden sind. Mit der Entdeckung von Massengräbern im Norden Iraks wurden ebenfalls Beweise für Massaker der irakischen Truppen ans Tageslicht gefördert.

Dennoch erweist es sich weiterhin als schwierig, das gesamte Ausmaß der von irakischen Sicherheitskräften in der Vergangenheit verübten politischen Morde zu überblicken

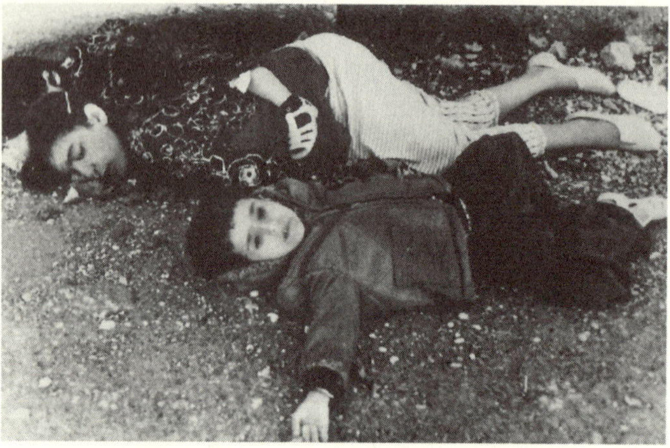

Opfer eines Giftgasangriffs der irakischen Regierung auf kurdische Zivilisten 1988 in Halabja. Bei diesem Angriff sollen 5 000 Menschen getötet worden sein.

oder zuverlässig einzuschätzen, inwieweit das Töten gegenwärtig weitergeht. Anfang 1992 beispielsweise erklärte Präsident Saddam Hussein mit Blick auf die blutigen Ereignisse vom März 1991 in den Sumpfgebieten im Süden des Iraks, wo nach dem Ausbruch massiver Bürgerproteste und Unruhen Tausende Menschen von Regierungskräften niedergemetzelt worden sind, die an den damaligen Aufständen beteiligten Schiiten hätten sich des Hochverrats schuldig gemacht. Er rief dazu auf, sie mit Maschinengewehren zu erschießen. In den Monaten danach waren die Sumpfgebiete wiederholt Schauplatz militärischer Offensiven, die sich gegen zivile Ziele richteten. Über die Zahl der Todesopfer herrscht bis heute Ungewißheit.

Gesichert ist hingegen, daß im Irak nahezu jedes Wort der Kritik an der Regierung mit unerbittlicher Härte geahndet wird. Rechtsanwälte und Angehörige anderer Berufsgruppen, Mitglieder der bewaffneten Opposition und selbst ganze Dorf-

Friedhof im Norden Iraks, wo Hunderte von Kurden begraben sind, die Opfer von politischen Morden wurden.

gemeinschaften haben diese bittere Erfahrung machen müssen und ihr Leben verloren. Selbst im Ausland ansässige Gegner der irakischen Regierung können sich vor Mordanschlägen nicht sicher wähnen.

In vielen Ländern Lateinamerikas ist für Kritiker der dort amtierenden Regierungen die Gefahr, dem „Verschwindenlassen" oder Attentaten zum Opfer zu fallen, allgegenwärtig. Häufig reicht es schon, einer Gemeinschaft anzugehören, der – zu Recht oder Unrecht – Sympathie mit den Zielen oppositioneller Kreise unterstellt wird, um zur Zielscheibe staatlicher Repression zu geraten.

In Peru bleiben selbst Kinder von brutalen Menschenrechtsverletzungen nicht verschont, wie ein Zwischenfall vom August 1985 in der Ortschaft Accomarca im Departement Ayacucho nachdrücklich belegt. Am frühen Morgen des 14. August drangen mit Messern, Maschinenpistolen, Gewehren und Handgranaten bewaffnete Soldaten in das Dorf ein, trieben die Bewohner zusammen und töteten insgesamt 69 Menschen. Zu den Opfern zählten nach vorliegenden Informationen 21 Kleinkinder im Alter von weniger als fünf Jahren und zehn Kinder im Alter zwischen fünf und zehn Jahren. Der Armeekommandeur von Ayacucho hielt dennoch an seiner Version fest, bei den in Accomarca getöteten Personen habe es sich ausschließlich um Rebellen gehandelt, die im Zuge bewaffneter Zusammenstöße ums Leben gekommen seien.

Ein mit der Untersuchung der Vorgänge betrauter Ausschuß des Senats gelangte nach Abschluß seiner Recherchen dagegen zu der Einschätzung, daß in Accomarca eine Armeepatrouille wehrlose Bauern überfallen und getötet hat. In seinem Abschlußbericht zitierte der Ausschuß aus einem mit Leutnant Telmo Hurtado geführten Gespräch, in dem dieser die Position vertreten hatte, selbst Minderjährige seien „gefährlich", da die Rebellen des *Sendero Luminoso* „Kinder bereits im Alter von zwei, drei oder vier Jahren indoktrinieren ... Mit Tricks und Sanktionen ziehen sie sie immer mehr auf ihre Seite".

Aus dem Südosten der Türkei wurde in den letzten zwei Jahren ein alarmierender Anstieg der Zahl extralegaler Hinrichtungen gemeldet. Inzwischen hat sich dort unübersehbar ein Muster der systematischen Liquidierung von Personen herausgebildet, denen Kontakte zur Kurdischen Arbeiterpartei unterstellt werden, die sich für die Belange und Interessen der kurdischen Minderheit einsetzen oder für die Einhaltung der Menschenrechte eintreten. Am 5. Juli 1991 beispielsweise wurde Vedat Aydin, Vorsitzender der Arbeiterpartei des Volkes in Diyarbakir und Vorstandsmitglied des Türkischen Menschenrechtsvereins, von mehreren bewaffneten Männern, die sich als Polizeibeamte auswiesen, aus seiner Wohnung verschleppt. Augenzeugen des Vorfalls berichteten, Vedat Aydin habe seine Entführer erkannt. Am 8. Juli fand man den Menschenrechtler am Rande einer Landstraße tot auf. Seine Leiche wies acht Einschußwunden auf, Arme und Beine waren gebrochen und die Schädeldecke zertrümmert. Die Polizei erklärte den Toten für „nicht identifizierbar" und ließ ihn umgehend ohne vorherige ordentliche Obduktion beisetzen. Die Oberflächlichkeit, mit der anschließend der Mordfall von den Behörden untersucht wurde, und die Begleitumstände des Verbrechens selbst lassen die dafür Verantwortlichen in den Reihen der Sicherheitskräfte vermuten.

Innerhalb von 18 Monaten nach der Entführung und Ermordung von Vedat Aydin fielen weitere 42 Funktionäre und Mitglieder der Arbeiterpartei des Volkes Anschlägen zum Opfer, die meisten im Anschluß an die Parlamentswahlen vom Oktober 1991, bei denen die Partei mehrere Mandate hatte erzielen können. Insgesamt wurden im Südosten der Türkei allein 1992 mehr als 250 Regierungsgegner unter Umständen getötet, die auf eine Mittäterschaft der Sicherheitskräfte schließen lassen.

In einer Reihe anderer Länder geraten Kritiker der dort amtierenden Regierungen ebenfalls zur Zielscheibe von Mordanschlägen oder fallen dem „Verschwindenlassen" zum Opfer. Von dem 35jährigen Syrer Mudhar al-Jundi, Vater einer kleinen Tochter, fehlt beispielsweise schon seit 1987, als er zusammen mit Hunderten anderen vermeintlichen Mitgliedern der Partei für Kommunistische Aktion verhaftet wurde, jede Spur. Seine Frau, Munira Hawija, wurde damals ebenfalls festgenommen, später allerdings wieder freigelassen. Unzählige Nachfragen nach dem Verbleib von Mudhar al-Jundi haben die von offizieller Seite errichtete Mauer des Schweigens nicht durchbrechen können. Aus inoffiziellen Quellen verlautete, Mudhar sei kurz nach seiner Verhaftung unter der Folter gestorben. Von anderer Seite hieß es, er befände sich im Gefängnis von Tadmur. Die Wahrheit ist allein den syrischen Behörden bekannt.

Der Kambodschaner Duong Nigieb, Mitglied der Buddhistischen Liberaldemokratischen Partei, wurde am 19. August 1992 in Kompong Som im Süden des Landes von fünf Männern, die sich gewaltsam Zugang zu seiner Wohnung verschafft hatten, durch Schüsse in Kopf und Nacken getötet. Zwei Monate zuvor hatten die Behörden Kambodschas ihn – allem Anschein nach wegen seiner Parteizugehörigkeit – fristlos aus dem Staatsdienst entlassen. Die örtliche Polizei erklärte nach Abschluß ihrer Ermittlungen, dem Mord hätten persönliche Motive zugrundegelegen, was jedoch von unabhängigen Kreisen bestritten wurde, die namentlich zwei Polizisten für die Tat verantwortlich machten.

Hlalanathi „Professor“ Sibankulu aus Südafrika, ein 28 Jahre alter Gewerkschafter und ehemaliger politischer Gefangener, befand sich im November 1992 zusammen mit seiner Schwester auf der Rückfahrt von einem Gewerkschafts-Workshop in Newcastle im Norden Natals, als plötzlich ein anderes Auto mit hoher Geschwindigkeit zu ihnen aufschloß und aus dem Inneren des Fahrzeugs Schüsse auf sie abgefeuert wurden. Die beiden erreichten mit Mühe und Not die Station der KwaZulu-Polizei im Township Madadeni und baten dort um Schutz und Hilfe. Alsbald tauchte auch das Fahrzeug, aus dem heraus auf Hlalanathi Sibankulu und seine Schwester geschossen worden war, in der Sichtweite der Polizeiwache auf, worauf die beiden die Beamten ausdrücklich aufmerksam machten. Deren Reaktion bestand allerdings darin, daß sie begannen, den Wagen des Gewerkschafters nach Waffen zu durchsuchen. Fündig wurden sie nicht.

Die Geschwister verließen empört und wütend die Polizeistation. Hlalanathi Sibankulu fuhr seine Schwester noch nach Hause und verabschiedete sich von ihr. Wenige Stunden später wurde er ermordet. Man fand seine Leiche am nächsten Morgen im völlig ausgebrannten Wrack seines Autos. Er wurde durch Schüsse in den Kopf getötet. Alle Indizien deuten darauf hin, daß die Männer, die die Verfolgungsjagd auf den Wagen von Hlalanathi Sibankulu inszeniert und auf den Gewerkschafter und seine Schwester geschossen hatten, in den Reihen der KwaZulu-Polizei zu finden sind. Dies und die unterlassene

Hilfeleistung der diensthabenden Beamten der Wache nähren den Verdacht, daß die Ordnungskräfte direkt in den Mord an Hlalanathi „Professor" Sibankulu verwickelt sind.

In Papua-Neuguinea wurden 1992 zahlreiche Anhänger der Revolutionären Armee von Bougainville, einer für die Unabhängigkeit der Insel Bougainville kämpfenden Organisation, extralegal hingerichtet. In die Schlagzeilen geriet beispielsweise ein Vorfall vom Mai 1992, als Regierungskräfte in die Ortschaft Okogupa in Aita eindrangen und wahllos das Feuer auf die Dorfbewohner eröffneten. Berichten zufolge wurden mindestens 17 Menschen getötet, unter ihnen der Dorfälteste, seine Frau und seine fünf Kinder.

Die auf den Vorseiten geschilderten Schicksale stehen nur stellvertretend für unzählige andere getötete oder „verschwundene" Menschen. Aber sie lassen ermessen, mit welcher Skrupellosigkeit und Umtriebigkeit Regierungen sich ihrer politischen Widersacher entledigen, anstatt deren Meinungen und Standpunkte anzuhören, sich mit ihnen auseinanderzusetzen und Forderungen nach Reformen nüchtern und sachlich abzuwägen. Es genügt nur eines Blicks in die Geschichte, um zu erkennen, daß auch noch so brutale Repressionsmethoden politische Veränderungen noch niemals haben auf Dauer verhindern können.

MENSCHENRECHTSAKTIVISTEN

In den frühen Morgenstunden des 15. August 1989 drangen schwerbewaffnete Männer gewaltsam in das Haus der 23jährigen María Rumalda Camey ein und zerrten die schreiende Frau weg von ihrem Mann und ihren beiden kleinen Kindern. Seitdem hat niemand sie mehr gesehen.

Die Menschen in Guatemala wissen genau, warum María Rumalda Camey wie so viele andere von den Sicherheitskräften

Die Mutter von Chris Batan trauert um ihren Sohn. Der Menschenrechts-aktivist wurde im Februar 1993 von regierungsgestützten Milizen auf den Philippinen ermordet.

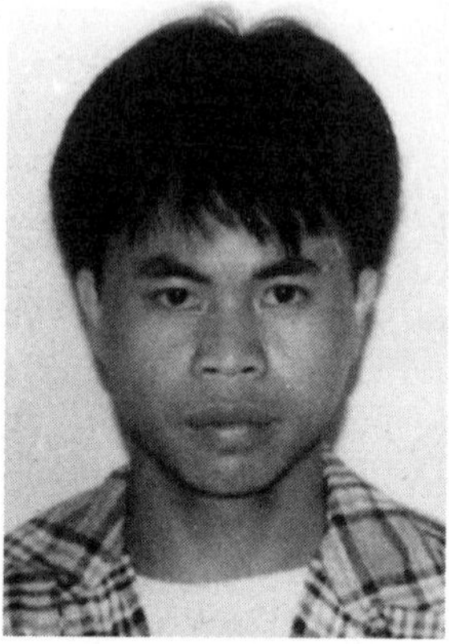

getötete oder verschleppte Bürger auch aus der Mitte ihrer Familie herausgerissen worden ist. Sie galt als mutige und unerschrockene Frau, die dem staatlichen Terror Trotz bot und nicht zulassen wollte, daß die vom guatemaltekischen Militär in der Vergangenheit verübten Menschenrechtsverbrechen in Vergessenheit geraten.

Nachdem 1985 ihr Schwager José Carlos Chitay Nech dem „Verschwindenlassen“ zum Opfer gefallen war, trat María Camey der Gruppe für gegenseitige Hilfe bei, einer Organisation, die von den Familien „Verschwundener“ mit dem Ziel ins Leben gerufen worden war, Aufklärung in das Schicksal ihrer vermißten Verwandten zu bringen. Die junge María Camey wußte nur zu gut um die Risiken, die sie damit einging, ließ sich aber dennoch nicht entmutigen.

Im Februar 1993 machte sich der 23jährige Chris Batan zusammen mit zwei Freunden auf den Weg nach Betwagan, in der Bergprovinz im philippinischen Nord-Luzon gelegen, um dort in der Vergangenheit verübte Menschenrechtsverletzungen zu untersuchen. Als sich die drei Betwagan näherten, eröff-

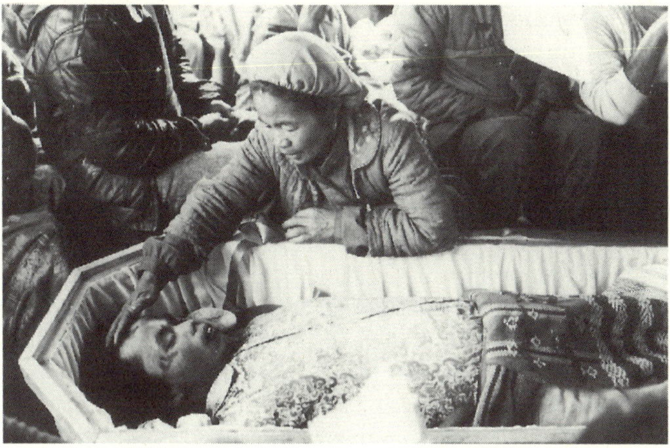

neten sechs Milizionäre der bewaffneten Bürgerwehr das Feuer auf die drei jungen Männer. Chris Batan wurde am Bein getroffen und fiel zu Boden. Die Schützen traten auf ihn zu und schossen ihm in die Brust. Anschließend flüchteten sie unter lauten Drohungen, mit denen sie die Begleiter von Chris Batan einzuschüchtern versuchten, vom Ort des Geschehens. Einer der Angreifer war den Freunden des Mordopfers namentlich bekannt.

Es besteht kein Zweifel daran, daß man Chris Batan getötet hat, weil er unerschrocken für die Achtung der Menschenrechte eingetreten ist. Er begann schon früh, sich für die Rechte und Belange der indigenen Völker der Philippinen zu engagieren, und arbeitete aktiv in der Menschenrechtsorganisation *Task Force Detainees* mit. Seine Freunde behalten ihn als „einen der jüngsten Märtyrer der indigenen Bevölkerung der Cordilleren" in Erinnerung.

Der Mord an Chris Batan zog Ermittlungen nach sich, die im April zur Verhaftung eines der Tatverdächtigen führten. Einen Monat später wurde gegen ihn Mordanklage erhoben.

Aus unabhängigen Quellen verlautete, die übrigen fünf von Zeugen als Mittäter identifizierten Milizionäre befänden sich weiterhin auf freiem Fuß und ließen nicht davon ab, die örtliche Bevölkerung zu schikanieren und einzuschüchtern.

Am 28. November 1990 wurden Angel María Torres, sein Bruder Luís Napoleón Torres sowie Hugues Chaparro von drei schwerbewaffneten Männern in Armeeuniform aus einem Bus gezerrt und abgeführt. Die drei Wortführer der Arhuaco-Indianer aus der Sierra Nevada im kolumbianischen Departement César befanden sich auf dem Weg nach Bogotá, um dort Klage gegen Übergriffe auf die in der Region lebenden indianischen Gemeinschaften durch Polizei- und Armeekräfte zu führen. Zwei Wochen nach ihrer Verschleppung fand man sie mit Spuren schwerer Folterungen tot auf. Das Schicksal der drei Arhuaco-Indianer ist in Kolumbien bei weitem kein Einzelfall. Wer sich dort für die Menschenrechte engagiert, lebt in der ständigen Gefahr, seinerseits Menschenrechtsverletzungen zum Opfer zu fallen.

Im Mai 1989 wurde der 44jährige Anthropologe David Webster, ein engagierter Verfechter der Menschenrechte, vor seiner Wohnung im südafrikanischen Johannesburg aus einem vorüberfahrenden Wagen heraus erschossen. Kurz vor seinem Tod hatte er einen Bericht über die Zunahme von „Todesschwadronen“ und andere verdeckte Repressionsmethoden in Südafrika veröffentlicht.

Die polizeilichen Ermittlungen führten zu dem bis dahin unbekannten Zivilen Kooperationsbüro, einer der Zentrale des Militärischen Nachrichtendienstes unterstellten Einheit. Im Rahmen einer anderen Untersuchung trat ein Zeuge auf, der sogar einen Beamten des Militärischen Nachrichtendienstes als den Mörder von David Webster namentlich benannte. Als Tatmotiv könnte in Frage kommen, daß David Webster allem Anschein nach bei anthropologischen Studien im nördlichen Transvaal zufällig auf Beweise für die fortgesetzte Unterstützung der mosambikanischen Rebellenorganisation RENAMO durch das südafrikanische Militär gestoßen war. Eine Untersuchung der Justiz zur Feststellung der Todesursache von David Webster endete im Januar 1993, ohne daß die Identität der Mörder geklärt wurde.

In vielen Teilen der Welt riskieren Menschen, indem sie gegen Unrecht ankämpfen, ihr Leben und ihre Freiheit. Häufig ist es allein ihrem Mut und ihrer Unerschrockenheit zu verdanken, daß Menschenrechtsverbrechen überhaupt ans Tageslicht gelangen. Weil sie sich der staatlichen Repression entgegenstellen, geraten sie zu deren Zielscheibe.

DEMONSTRANTEN

Das grausame Geschehen auf dem Pekinger Platz des Himmlischen Friedens im Juni 1989 bleibt wohl uns allen unauslöschlich in Erinnerung. Millionen Menschen rund um den Erdball hielten damals mit Entsetzen den Atem an, als gepanzerte Armeefahrzeuge und ein massives Aufgebot an Soldaten begannen, Tausende Demonstranten einzukesseln. Die Teilnehmer der Proteste schienen die ihnen drohende Gefahr nicht wahrhaben zu wollen. Ihre jugendliche Zuversicht und der feste Entschluß, sich nicht einschüchtern zu lassen, ließ sie in ihren behelfsmäßigen Zelten ausharren.

Am 4. Juni 1989 mußte die Welt schließlich hilflos zusehen, wie die Hoffnung und Zuversicht der Demonstranten der Verzweiflung und dem Entsetzen wichen. Panzer rollten durch die Hauptstadt in Richtung des Demonstrationsgeschehens. Soldaten eröffneten wahllos das Feuer auf die flüchtende Menschenmenge. Innerhalb weniger Stunden waren die Straßen Pekings mit Leichen übersät und von Blutlachen rot eingefärbt. Mindestens 1000 Zivilisten wurden getötet, viele andere verletzt.

Die Reaktion der chinesischen Regierung auf das Massaker

Nach dem Massaker an unbewaffneten, friedlichen Demonstranten in Peking, Juni 1989.

stellte zwar ein extremes Beispiel dar, ist aber nicht untypisch für die Art und Weise, in der staatliche Stellen Tötungen im Zuge von Demonstrationen und Protestveranstaltungen zunächst abstreiten, später widerstrebend einräumen und versuchen, ihre Version der Ereignisse glaubhaft zu machen. Die Regierung in Peking dementierte anfänglich jeglichen Bericht über Todesfälle auf dem Platz des Himmlischen Friedens. Später erklärte sie, in Peking seien „mehr als 200" Zivilisten ums Leben gekommen. Sie seien von verirrten Kugeln tödlich getroffen oder aber von Soldaten in Notwehr erschossen worden.

Aus allen Teilen der Welt werden mit beängstigender Regelmäßigkeit Meldungen über Massaker an Teilnehmern von Demonstrationen oder anderen Massenveranstaltungen bekannt. Daß die von den Sicherheitskräften angewandte tödliche Gewalt nicht – wie meist behauptet wird – der „Kontrolle von Menschenansammlungen" diente, sondern den Zweck der Bestrafung und Einschüchterung verfolgte, läßt sich vielfach anhand von Filmdokumenten nachweisen. Auch das Ausmaß des Blutvergießens kann die Rechtfertigungsversuche der Behörden Lügen strafen.

Es ist einem Kameramann zu verdanken, daß ein in Osttimor an Teilnehmern eines Trauerzuges verübtes Massaker der Welt nicht verborgen blieb. Am 12. November 1991 hatten sich auf dem Friedhof von Santa Cruz in Dili rund 3 000 Menschen versammelt, um einem jungen Mann die letzte Ehre zu erweisen, der zwei Wochen zuvor von indonesischen Truppen getötet worden war. Während der Beisetzungszeremonie entfalteten einige der Anwesenden Spruchbänder mit der Forderung nach Unabhängigkeit für Osttimor. Die Atmosphäre war friedlich und ruhig, bis plötzlich aus Schnellfeuergewehren abgegebene Schüsse durch die Luft hallten, gefolgt von Schreien des Grauens und dem Wehklagen verwundeter und sterbender Menschen.

Hunderte Soldaten, die den Friedhof umstellt hatten, feuerten zwei bis drei Minuten lang ununterbrochen in die Menschenmenge, und auch danach waren immer wieder vereinzelt Schüsse zu hören. Einem Überlebenden des Massakers haben sich die grausamen Szenen unauslöschlich eingeprägt: „Als ich die Straße hinunterblickte, sah ich Leiche um Leiche, und die Soldaten schossen immer weiter auf Menschen, die noch standen."

Die Zahl der in Santa Cruz Getöteten wird auf rund 200 geschätzt. Hunderte andere Menschen wurden verletzt. Die

Demonstranten fordern auf dem Friedhof Santa Cruz friedlich die Unabhängigkeit Osttimors. Kurz darauf richteten indonesische Truppen ein Massaker unter den Demonstranten an.

Behörden machten sich nicht einmal die Mühe, die Toten zu zählen. Da sie nicht abstreiten konnten, daß das Massaker stattgefunden hat, warteten Regierung und Militärbehörden mit einer Vielzahl von Rechtfertigungsversuchen auf. So behaupteten sie, die Soldaten seien „provoziert" worden, es hätten „Tumulte stattgefunden", die Sicherheitskräfte seien „vom Mob brutal angegriffen" worden und hätten erst in Reaktion darauf von der Schußwaffe Gebrauch gemacht. In anderen amtlichen Verlautbarungen hieß es, die Tötungen seien das Ergebnis „eines Mißverständnisses der Soldaten". Auch das Argument, die Sicherheitskräfte hätten wegen der „angespannten Situation" einschreiten müssen, wurde vorgebracht. All die Rechtfertigungsversuche haben die Weltöffentlichkeit, die mit Abscheu auf das Massaker in Dili reagiert hat, nicht beschwichtigen können, so daß sich die Regierung entschloß, eine Untersuchungskommission einzusetzen. Diese Maßnahme erwies sich im wesentlichen als ein weiterer Versuch, die Wahrheit über die Vorfälle auf dem Friedhof von Santa Cruz zu vertuschen.

Bei den Tötungen in Dili handelte es sich ohne jeden Zweifel um extralegale Hinrichtungen. So haben alle Zeugen übereinstimmend ausgesagt, daß der Trauerzug friedlich verlaufen sei und daß die Soldaten das Feuer ohne Vorwarnung und ohne provoziert worden zu sein, eröffnet hätten. Die Filmaufnahmen geben ihnen recht.

Die Vorstellung, daß mehrere hundert Soldaten aus eigenem Antrieb den Entschluß fassen, in Armeelastwagen zum Friedhof von Santa Cruz zu fahren und unter unbewaffneten Zivilisten ein Massaker anzurichten, ist absurd. Die Frage, wer den Befehl für die Aktion gegeben hat, läßt sich ohne Einblick in die Aufzeichnungen des Militärs nur schwer beantworten. Die Tatsache allerdings, daß weder eine lückenlose Aufklärung des Massakers stattgefunden hat, noch die dafür Verantwortlichen vor Gericht gestellt worden sind, begründet den Verdacht der Verwicklung offizieller Stellen nicht nur in die damaligen Vorgänge, sondern auch in die anschließenden Vertuschungsmanöver.

Der Behauptung von Regierungen, Polizei und Militär seien von Demonstranten angegriffen worden und zum Einsatz tödlicher Gewalt gezwungen gewesen, steht häufig eine Fülle gegenteiligen Beweismaterials gegenüber. Als beispielsweise im Mai 1990 paramilitärische Kräfte in Srinagar im indischen Bundesstaat Dschammu und Kaschmir ein Blutbad unter den Teilnehmern eines Trauerzuges anrichteten, erklärten Regierungsmitglieder umgehend, es hätten sich militante Gläubige unter die Trauernden gemischt und aus der Deckung der Menge heraus auf die Paramilitärs geschossen. Im anschließenden „Kreuzfeuer" seien dann Zivilisten ums Leben gekommen. Zahlreiche Augenzeugen und Journalisten widersprachen dieser Darstellung und erklärten, die paramilitärischen Einheiten hätten ohne Not wahllos das Feuer auf die Menschenmenge eröffnet.

Die Zahl der in den von Israel besetzten Gebieten unter fragwürdigen Umständen getöteten Palästinenser ist seit Jahren alarmierend hoch. In den ersten fünf Monaten des Jahres 1993 wurden erneut annähernd 100 Palästinenser von den israelischen Sicherheitskräften, unter anderem von verdeckt operierenden Polizei- und Armee-Einheiten, erschossen. Bei rund 30 der Opfer handelte es sich um Kinder oder Jugendliche im Alter von gerade 16 oder noch weniger Jahren.

Allan Huglstad, Teilnehmer einer Delegation von amnesty international, die sich im Mai 1993 im Gazastreifen aufhielt, wurde Augenzeuge der folgenden Szene:

„Ich stand an der Einmündung einer kleinen Straße. In der Nähe befanden sich rund zehn Jugendliche. Sie taten nichts, jedenfalls nichts anderes als ich. Wir schauten einem Trupp israelischer Soldaten entgegen, die sich uns näherten. Als die Soldaten noch etwas mehr als 100 Meter entfernt waren, begannen sie, mit ihren Gewehren in unsere Richtung zu schießen. Ich habe keine Warnung gehört. In einer Gefahrensituation schienen sich die Soldaten ebenfalls nicht befunden zu haben. Sie feuerten vier oder fünf Schüsse ab. Eine der Kugeln wirbelte ganz in meiner Nähe den Staub der Straße auf."

In Madagaskar haben Sicherheitskräfte zwischen August und Oktober 1991 vor dem Hintergrund sich ausweitender Proteste, zu denen das Oppositionsbündnis *Hery Velona* aufgerufen hatte, zahlreiche friedliche Demonstranten erschossen. Insgesamt starben womöglich mehr als 100 Menschen. Allein mindestens 30 Anhänger des *Hery Velona* kamen ums Leben, als am 10. August 1991 Regierungstruppen das Feuer auf eine Menschenmenge eröffnete, die sich dem Präsidentenpalast näherte.

In der zairischen Hauptstadt Kinshasa wurden im Februar 1992 mindestens 37 Teilnehmer einer friedlichen Demonstration, darunter ein zehn Jahre alter Junge, von Regierungssolda-

37 Menschen wurden getötet, als Soldaten in der zairischen Hauptstadt Kinshasa im Februar 1992 auf friedliche Demonstranten schossen. Freunde tragen hier eines der Opfer fort.

ten getötet. Mit der Kundgebung, zu der die römisch-katholische Kirche aufgerufen hatte, wollten die Teilnehmer ihrer Forderung nach Wiedereinberufung der Nationalen Konferenz Nachdruck verleihen, die im August 1991 Beratungen über eine politische Neuordnung des Landes aufgenommen hatte, aber im Januar 1992 von offizieller Seite mit dem Kostenargument wieder aufgelöst worden war. Bereits im September und Oktober 1991, als mindestens 250 Menschen der wahllosen und ungezügelten Gewalt der Sicherheitskräfte zum Opfer fie-

Anhänger des ANC laufen um ihr Leben, als Sicherheitskräfte im September 1992 das Feuer auf Demonstranten in der Ciskei eröffnen; 29 Menschen wurden getötet und Hunderte verletzt.

len, hatte die Regierung ein grimmiges Zeichen gesetzt, daß sie Forderungen der Opposition nach einer Beschneidung der Machtbefugnisse von Präsident Mobutu Sese Seko mit Härte begegnen wird. Ende Januar 1993 kamen bei Unruhen mindestens weitere 500 Menschen ums Leben. Maßnahmen gegen die für Tötungen Verantwortlichen sind bis heute ausgeblieben.

Regierungen, die ihre Truppen anweisen, friedliche Demonstrationen mit Waffengewalt niederzuschlagen, hindern die Bürger daran, ihren Anliegen und Forderungen mit friedlichen Mitteln Ausdruck zu verleihen. Sie verstoßen damit nicht nur gegen das allen Menschen verbriefte Recht auf freie Meinungsäußerung, sondern beschwören auch eine Situation herauf, in der sich die Bürger, da ihnen eine legale Teilnahme am politischen Leben versagt wird, für den Weg der Gewalt entscheiden. Weiteres Blutvergießen wäre die unausweichliche Folge.

GEFANGENE

In den frühen Abendstunden des 2. Oktober 1992 stürmten mehrere hundert Militärpolizisten die Haftanstalt Casa de Detenção im brasilianischen São Paulo, um in Block 9 zwischen rivalisierenden Banden ausgebrochene gewalttätige Auseinandersetzungen zu beenden. Kaum zwölf Stunden später lagen nicht weniger als 111 Gefangene tot in ihren Zellen, rund zwei Drittel mit Schußwunden in Brust und Kopf. Weitere etwa 35 Insassen der Haftanstalt wurden bei der Aktion verletzt.

Die nachfolgende Beschreibung der Vorgänge in Block 9 der Casa de Detenção stammt von einem der überlebenden Gefangenen:

„Die Polizisten öffneten unsere Zellentür und befahlen uns herauszukommen. Wir versicherten ihnen, daß wir keine Waffen bei uns trügen. Als ein Junge von seiner Pritsche aufstand und die Zelle verlassen wollte, feuerte ein Polizeibeamter drei Schüsse auf ihn ab ... Sie schossen in Richtung der Latrine und töteten einen weiteren Zelleninsassen. Einer der Polizisten schrie ‚Hier gibt es noch Überlebende‘, woraufhin drei weitere Beamte mit ihren Maschinengewehren in die Zelle feuerten ...“

Der damalige Staatssekretär für öffentliche Sicherheit äußerte gegenüber Vertretern der Medien, bei Unruhen, wie sie in der Casa de Detenção ausgebrochen seien, habe die Polizei den Befehl zum gezielten Todesschuß. Er erklärte ferner, es sei nichts Abwegiges daran, daß die Polizei gegen Gefangene Maschinengewehre einsetze.

Was am 2. Oktober 1992 in der Casa de Detenção geschehen ist, war ein Massaker an wehrlosen Häftlingen. Die meisten wurden getötet, nachdem sie sich bereits ergeben hatten. Forensisches Beweismaterial läßt überdies den Schluß zu, daß viele ermordet wurden, während sie mit den Händen am Kopf oder mit hinter dem Kopf verschränkten Händen auf dem

Boden lagen oder saßen. Auch verwundete Gefangene wurden erschossen. Insassen, die den Befehl hatten, die Leichen aus den Zellen zu entfernen, wurden anschließend ebenfalls getötet. Mehrere Gefangene überlebten nur deshalb, weil sie sich zwischen den Leichen hatten verbergen können. Sie berichteten, die Polizei habe mit Bajonetten auf die Häftlinge eingestochen und jeden erschossen, der vor Schmerzen aufgeschrien habe.

Das Massaker war Gegenstand von nicht weniger als acht separaten Untersuchungen. Einige endeten mit der Feststellung, es sei zu „Ausschreitungen“ gekommen, andere führten zu der Erkenntnis, es seien „militärische Straftaten“ begangen worden. Individuelle Verantwortlichkeiten für die Tötungen wurden von keinem der Ermittlungsgremien ausgemacht. Dennoch erhob der Militärstaatsanwalt Brasiliens Anklage gegen 120 Offiziere und Soldaten wegen Totschlags, versuchten Totschlags und schwerer Körperverletzung. Bei Drucklegung dieses Berichts Mitte 1993 stand die Eröffnung eines Gerichtsverfahrens gegen die Beschuldigten noch aus.

Extralegale Hinrichtungen wie die der Insassen der Casa de Detenção sind in Brasilien nicht unüblich; lediglich die Zahlen der Opfer variieren. Die Tötungen werden begangen von Militärpolizisten, die ausschließlich von Militärischen Sondergerichten zur Verantwortung gezogen werden können, was in der Vergangenheit allerdings nur in den seltensten Fällen geschehen ist.

Das Massaker in der Casa de Detenção ist zwar ein extremes, aber zutreffendes Beispiel für die vielfältigen Methoden, mit denen alljährlich in staatlichem Gewahrsam befindlichen Menschen unrechtmäßig das Leben genommen wird. Es existieren internationale Standards und in fast allen Ländern der Welt auch innerstaatliche Rechtsvorschriften, die Regierungen verpflichten, für das Wohl von Gefangenen Sorge zu tragen. Die Realität sieht anders aus. Für rechtmäßig verurteilte Straffällige errichtete Haftanstalten werden nicht selten zu Todesfallen, wie die nachfolgenden Beschreibungen belegen.

Am 27. November 1992 kamen in der venezolanischen Hauptstadt Caracas mindestens 63 Insassen des Gefängnisses Retén de Catia ums Leben, als Angehörige von Polizei und Nationalgarde in der hoffnungslos überfüllten Haftanstalt eine Razzia durchführten, um einen angeblichen Ausbruchsversuch zu vereiteln. Augenzeugen berichteten, die Sicherheitskräfte hätten wahllos das Feuer auf die Gefangenen eröffnet. Viele der Häftlinge sollen extralegal hingerichtet worden sein. Dieser Vorwurf wurde durch gerichtsmedizinische Untersuchungen erhärtet, die den Nachweis erbrachten, daß ein Großteil der Gefangenen durch Schüsse in den Rücken getötet worden ist. Die für den Vorfall Verantwortlichen sind bis heute nicht vor Gericht zur Rechenschaft gezogen worden.

Eines der brutalsten Massaker an Gefangenen ereignete sich im Juni 1980 in Syrien, als Hunderte Insassen der Haftanstalt von Tadmur von den Sicherheitskräften des Landes im Schnellverfahren hingerichtet wurden. Bei den Opfern handelte es sich um Angehörige der Moslembruderschaft. Einen Monat nach dem Vorfall erklärten die syrischen Behörden die Mitgliedschaft in dieser Organisation zu einem Kapitalverbrechen.

In Mauretanien sollen zwischen November 1990 und März 1991 in den dortigen Haftanstalten, Militärkasernen und Polizeistationen mehr als 300 politische Gefangene getötet worden sein. Es handelte sich ausnahmslos um Mauretanier schwarzer Hautfarbe, die die Behörden Ende 1990 im Zuge einer Verhaftungswelle festgenommen hatten. Von Augenzeugen erfuhr amnesty international, daß mehr als 140 der Gefangenen ohne vorherigen Prozeß exekutiert oder zu Tode gefoltert worden waren. Was mit dem übrigen 200 geschehen ist, läßt sich nicht zweifelsfrei in Erfahrung bringen, vermutlich sind auch sie an den Folgen von Folterungen oder Mißhandlungen gestorben oder haben die extrem harten Haftbedingungen nicht überlebt.

In den Gefängnissen rund um den Erdball sterben tagtäglich Insassen an den Folgen unmenschlicher Haftbedingungen, die häufig den Tatbestand der vorsätzlich grausamen, unmenschlicher oder erniedrigenden Behandlung oder Strafe erfüllen. In Malawi etwa sind nach vorliegenden Erkenntnissen in den zurückliegenden Jahren zahlreiche Gefangene einer besonders schweren Form der Mißhandlung – bekannt als „hard-core-regime" ausgesetzt gewesen, die viele offenbar nicht überlebt haben. Einer solchen „hard-core"-Behandlung wurden vor allem Wiederholungstäter unterworfen. Sie wurden kurz vor Ablauf ihrer Haftzeit in die Gefängnisse von Nsanje oder Dzeleka verlegt, mußten zwischen einem Spalier von Wärtern Spießrutenlaufen und wurden dabei mit Knüppeln, Peitschen und Eisenstangen geschlagen. Wer diese Tortur überlebte, wurde in eine Zelle geworfen, nackt an den Boden gekettet und erhielt nur noch ein Viertel der üblichen Essensration. Die Familien von Gefangenen, die vermutlich einer solchen Strafsanktion ausgesetzt gewesen waren, haben amnesty international berichtet, daß ihnen die Kleider ihrer Angehörigen ohne jede weitere Erklärung ausgehändigt worden seien, ein Indiz dafür, daß die betreffenden Häftlinge gestorben sind. 1992 traten überdies Informationen dafür zutage, daß sowohl im Chichiri-Gefängnis in Blantyre als auch in der Haftanstalt von Maula in Lilongwe politische Gefangene vorsätzlich unter unhygienischen Bedingungen in überfüllten Zellen eingesperrt waren. So sollen im Chichiri-Gefängnis in einer nur vier mal fünf Meter großen Zelle nicht weniger als 285 Menschen eingepfercht gewesen sein. Schätzungen freigelassener Gefangener zufolge starb in dieser Zelle im Durchschnitt alle zwei Tage ein Häftling. Die Verstorbenen wurden sofort durch neue Insassen ersetzt, was den Verdacht begründet, daß die malawischen Behörden, da sie die Bedingungen in der Zelle unverändert ließen, bewußt den Tod von Gefangenen in Kauf nahmen.

Auch im größten Gefängnis von Abijan, der Hauptstadt von Côte d'Ivoire, starben 1992 zahllose Gefangene an den Folgen der extrem harten Haftbedingungen. Fehlende Hygieneeinrichtungen, unzulängliche medizinische Versorgung und extrem nährstoffarme Verpflegung führten dort allein zwischen Februar und Juli 1992 zum Tod von mehr als 100 Menschen.

In Sierra Leone kamen in den Jahren 1991 und 1992 im Pademba-Road-Gefängnis von Freetown nicht weniger als 500 Insassen – größtenteils liberianische Staatsangehörige – ums Leben. Sie starben unter der Folter oder infolge von Vernachlässigung. Als im September 1992 27 Liberianer aus dem Gefängnis freigelassen wurden, waren neun von ihnen infolge der harten Haftbedingungen derart schwach und ausgezehrt, daß ihr Leben nicht mehr gerettet werden konnte. Sie starben innerhalb weniger Tage nach ihrer Haftentlassung in einem Krankenhaus in ihrer Heimat Liberia. Die Überlebenden berichteten, daß sie die ersten vier Monate ihrer Haft in völliger Dunkelheit hatten zubringen müssen, daß sie ohne jede medizinische Versorgung geblieben und nur unzulänglich verpflegt worden waren. Von ihnen erfuhr amnesty international ferner, daß im Pademba-Road-Gefängnis zahlreiche Insassen von der Sicherheitspolizei zu Tode gefoltert worden sind, andere an Unterernährung oder Krankheiten gestorben sind.

Alljährlich sterben auf der Welt Hunderte Gefangene an den Folgen der Folter. In zahlreichen Ländern der Erde bedienen sich die Behörden Foltermethoden, denen immer die Gefahr anhaftet, daß sie tödlich wirken. Menschen werden Elektroschocks versetzt oder Drogen verabreicht, sie werden unter Wasser getaucht, brutal geschlagen oder an den Gliedmaßen aufgehängt. Häufig läßt sich der Nachweis, daß Folterhandlungen bewußt den Tod des Opfers herbeiführen sollten, nur schwer führen. Die in einer Reihe von Ländern dokumentierte routinemäßige und systematische Anwendung brutalster Methoden mit einer entsprechend hohen Zahl von Foltertoten läßt jedoch zweifeln, ob derartige Praktiken wirklich nur dazu dienen, Menschen zu bestrafen oder bei Verhören unter Druck zu setzen. In Staaten wie Indien und Südafrika etwa sind im zurückliegenden Jahrzehnt Hunderte Gefangene an den Folgen grausamster Behandlungen gestorben. 1992 hat amnesty international in insgesamt mehr als 30 Ländern Todesfälle in Haft registriert, die mutmaßlich auf Folterungen oder Mißhandlungen zurückgehen.

„SOZIAL UNERWÜNSCHTE" PERSONEN

Am 5. Mai 1992 fuhren der 14jährige Erivan José da Silva und sein 15 Jahre alter Freund José Fernandes de Almeida mit ihren Fahrrädern durch die Straßen der Stadt Lagarto im brasilianischen Bundesstaat Sergipe, als sie plötzlich von drei Männern gepackt und in einen Wagen geschleudert wurden. Szenen wie diese ereignen sich auf Brasiliens Straßen nahezu täglich. Augenzeugen des Vorgangs überfiel sofort die böse Vorahnung, daß man die beiden Jungen alsbald tot auffinden würden. Als die Entführer, von denen zwei in den Diensten der Militärpolizei stehen sollen, auch noch brüllten, dies sei das letzte Mal, daß man die Kinder lebend sehe, wurde ihre Vorahnung zur Gewißheit. Am nächsten Tag wurden Erivan José da Silva und sein Freund tatsächlich tot aufgefunden. Ihre Leichen lagen unter einer Brücke, die Hände waren noch auf dem Rücken gefesselt, und jeder der beiden wies drei Einschußwunden auf. Was diesen Fall von vielen anderen unterscheidet, ist allein die Tatsache, daß die drei Tatverdächtigen verhaftet worden sind. Einer der festgenommenen Militärpolizisten konnte zwar später aus der Haft fliehen, die beiden anderen mutmaßlich in die Ermordung der zwei Jungen verwickelten Personen warteten dagegen bei Drucklegung dieses Berichts noch auf die Eröffnung eines Gerichtsverfahrens.

In den zurückliegenden Jahren sind in den Großstädten Brasiliens Tausende Straßenkinder von „Todesschwadronen", die sich häufig aus Angehörigen der Polizei zusammensetzen, ermordet oder verschleppt worden. Viele starben bei sogenannten „Aufräum-Aktionen", mit denen die üblicherweise von örtlichen Ladenbesitzern angeheuerten „Todesschwadronen" die Straßen der Gegend von vermeintlichen „Kleinkriminellen" säubern. Daß die Beteiligung von Zivil- und Militärpolizisten an der Tötung von Kindern und Jugendlichen „bei weitem keine Ausnahme darstellt", ist in einem Bericht einer Untersuchungskommission des brasilianischen Parlaments vom Februar 1992 nachzulesen. Dennoch wurde von offizieller Seite nur wenig unternommen, um das nahezu tägliche Morden an Straßenkindern zu unterbinden.

Wenn die Behörden Kolumbiens von einer erfolgreichen „sozialen Säuberungsaktion" sprechen, bedeutet dies nichts anderes, als daß in der Nacht zuvor Polizeikräfte und deren Handlanger Homosexuelle, Prostituierte, Drogenabhängige, Obdachlose, Straßenkinder, geisteskranke Menschen oder andere „sozial unerwünschte Personen" ermordet haben. Insbesondere in den größeren Städten des Landes wie Cali, Bogotá, Medellín und Barranquilla sind derartige Praktiken gang und gäbe. Die Opfer werden häufig von Männern auf Motorrädern oder aus Lastwagen heraus erschossen, oder sie werden wie Vieh zusammengetrieben, in Fahrzeuge gestoßen und abtransportiert. Ihre oftmals verstümmelten Leichen finden sich später an Straßenrändern oder auf Abfallhalden wieder.

Im Juli 1992 beispielsweise fand in einem Armenviertel am Rande der kolumbianischen Hauptstadt Bogotá eine Party statt, zu der sich viele junge Menschen eingefunden hatten. Eine kleine Gruppe der Jugendlichen verließ das Fest tragischerweise zum falschen Zeitpunkt, wie sich alsbald herausstellen sollte. Als sie unbekümmert den Heimweg antraten, tauchten plötzlich schwerbewaffnete Männer auf, die offensichtlich auf der Jagd nach „sozial unerwünschten" Personen waren. Die Männer eröffneten unmotiviert das Feuer und töteten sechs der Jugendlichen. Rosabel Jiménez, die Großmutter eines der Opfer, wurde bei dem Versuch, einen der Killer festzuhalten,

Demonstration gegen die Ermordung von Straßenkindern in Rio de Janeiro 1991.

ebenfalls niedergeschossen. Neben ihrer Leiche fand man eine Polizeimütze.

Die Zahl der Opfer derartiger „Säuberungsaktionen" läßt sich nur schwer ermitteln, da die Leichen meist nicht identifiziert werden können und Todesfälle nicht gemeldet oder amtlicherseits nicht registriert werden. Als Anhaltspunkt für das Ausmaß der von „Todesschwadronen" im Zuge von „Säuberungsaktionen" verübten Morde kann die von einer kolumbianischen Menschenrechtsorganisation recherchierte Zahl von 298 für den Zeitraum April bis November 1992 gelten.

In mehreren Staaten der Welt greifen die dortigen Polizeikräfte gegen strafbarer Handlungen verdächtigte Personen routinemäßig zu brutalen Methoden und exzessiver Gewalt. Häufig liegen solchen Verdachtsmomenten nicht einmal konkrete Handlungen zugrunde, ausschlaggebend ist vielmehr die

Mütter von „verschwundenen" Straßenkindern 1993 in São Paulo, Brasilien.

Hautfarbe oder gesellschaftliche Herkunft des Verdächtigen.

Beamte der Polizei von Los Angeles im US-amerikanischen Bundesstaat Kalifornien bedienen sich unter Verletzung sowohl der eigenen Dienstvorschriften als auch gesetzlicher Vorgaben regelmäßig unverhältnismäßiger Gewalt, die allzuoft Todesfälle oder zumindest schwere Verletzungen provoziert. Menschen wurden erschossen, brutal zusammengeschlagen oder von Polizeihunden angegriffen. Bei den Opfern solcher Grausamkeiten handelt es sich fast immer um Schwarze oder Latinos. Gegen die für Fälle von Körperverletzung oder ungesetzlicher Tötung verantwortlichen Beamten wurden nur selten disziplinarische oder strafrechtliche Schritte eingeleitet.

In die Schlagzeilen der internationalen Kritik geriet die Polizei von Los Angeles im März 1991. Damals wurden Polizeibeamte anhand eines Videofilms, aufgenommen von einem zufälligen Augenzeugen, überführt, auf den Schwarzen Rodney King mit roher Gewalt eingeprügelt zu haben. Viele ähnliche Vorfälle, selbst die mit tödlichem Ausgang, finden meist nicht einmal Erwähnung in der Lokalpresse.

Am 1. Juli 1992 erschoß ein weißer Polizist in Los Angeles den schwarzen Lastwagenfahrer John Daniels. Wenige Augenblicke vor seinem Tod hatte John Daniels einem in unmittelbarer Nähe stehenden Tankstellenpächter einen Zettel in die Hand gedrückt, auf dem die Bitte geäußert war: „Falls mir etwas zustößt, rufen Sie die folgende Telefonnummer an". Nach Angaben des Augenzeugen hatten sich zwei Polizisten auf Motorrädern dem unbewaffneten John Daniels genähert und mit ihm einen Disput begonnen. Als der Lastwagenfahrer seinen Truck langsam in Bewegung setzen wollte, zückte einer der Beamten seine Waffe und feuerte ohne Vorwarnung. Der Schuß traf den Schwarzen tödlich am Hals. Bereits 1985 war der Vater von John Daniels von Polizisten in Los Angeles erschossen worden, woraufhin dieser der Polizei vorgeworfen hatte, an seiner Familie Blutrache üben zu wollen. Der Beamte, aus dessen Waffe der tödliche Schuß stammte, wurde später unter Mordanklage gestellt, ein seit mehr als zehn Jahren in Los Angeles einmaliger Vorgang. In all den Jahren zuvor hatte sich nicht ein einziger Beamter wegen im Dienst begangener Tötungen einer solchen Anklage erwehren müssen. Der Familie von John Daniels wurde ein zivilrechtlicher Anspruch auf Schadensersatz in Höhe von 1,2 Millionen Dollar zugestanden.

Auch in Jamaika ist ein beunruhigender Anstieg der Zahl von Todesfällen zu beobachten, die offenkundig das Ergebnis unverhältnismäßiger Gewaltanwendung durch die Ordnungskräfte sind. So wurden straftatverdächtige und andere Personen von der Polizei unter Umständen erschossen, die den Einsatz tödlicher Gewalt allem Anschein nach nicht gerechtfertigt haben. Menschen sollen niedergeschossen worden sein, nachdem sie sich bereits ergeben hatten oder von der Polizei verhaftet worden waren. Andere starben bei Zwischenfällen, bei denen die Ordnungskräfte ohne Rücksicht auf Menschenleben in unverantwortlicher Weise von ihrer Schußwaffe Gebrauch gemacht haben. In den Armenvierteln der venezolanischen Großstädte fallen im Zuge sogenannter Operationen zur Kriminalitätsbekämpfung ebenfalls alljährlich zahlreiche unschuldige Menschen der ziellosen tödlichen Gewalt der staatlichen Kräfte zum Opfer.

Von Polizeibeamten wird erwartet, daß sie Leben schützen. Doch allzuoft sind sie Richter und Henker in einer Person, weil man sie gewähren läßt, wenn sie mit nicht zu rechtfertigender Brutalität und unverantwortlicher tödlicher Gewalt gegen vermeintliche Kriminelle vorgehen. Polizisten müssen immer und überall für ihr Handeln zur Rechenschaft gezogen werden. Es darf nicht zugelassen werden, daß die mit der Aufrechterhaltung von Recht und Gesetz betrauten Staatsorgane jenseits von Recht und Gesetz handeln.

Einige Regierungen nehmen die „Liquidierung sozial unerwünschter" Bürger ganz offensichtlich billigend hin. Mord wird als ein zweckdienliches Mittel zur Aufrechterhaltung der Ordnung angesehen. In dem Gefühl, auf diese Weise soziale Probleme wie Obdachlosigkeit, Armut und Kleinkriminalität kurzfristig lösen zu können, ermutigen oder billigen Regierungen das widerliche Treiben von Mordkommandos auf den Straßen der Städte und lassen zu, daß sogar Kinder niedergemetzelt werden.

GANZE BEVÖLKERUNGSGRUPPEN ALS ZIELSCHEIBE

Im März 1992 erhielt die Mutter der 16jährigen Bişeng Anik einen Anruf von der türkischen Polizei, in dem sie aufgefordert wurde, zur Wache zu kommen und die Leiche ihrer Tochter abzuholen. Auf der Wache bot sich der Mutter ein entsetzlicher Anblick. Vom Kopf ihrer Tochter war nur noch die rechte Seite zu erkennen. Der gesamte Körper von Bişeng wies Spuren schwerster Folterungen auf. Der Großvater der 16jährigen erinnert sich mit Grauen an das Bild, das ihm immer in schrecklicher Erinnerung bleiben wird: „Ihr Körper war in Stücke gerissen; die Finger fast von den Händen abgetrennt. Man hatte auf ihrem Körper Zigaretten ausgedrückt. Die Haut war überall mit Brandwunden übersät."

Bişeng Anik gehörte der kurdischen Minderheit in der Türkei an. Es scheint, als habe sie für dieses „Verbrechen" mit dem Leben zahlen müssen. Die 16jährige war drei Tage vor ihrem Tod zusammen mit Hunderten anderen Bewohnern der Provinz Sirnak festgenommen worden, nachdem dort während der Feierlichkeiten zum kurdischen Neujahrsfest Unruhen ausgebrochen waren. Ihre Mutter berichtete später einer vor Ort weilenden Delegation von Menschenrechtlern, daß acht uniformierte Mitglieder einer Sondereinheit der türkischen Sicherheitskräfte und zwei zivil gekleidete Polizisten die Verhaftung vorgenommen hätten.

Die offizielle Version der Umstände des Todes von Bişeng Anik lautete, man habe übersehen, daß sich in der Zelle, in die die 16jährige eingesperrt worden sei, ein Gewehr befunden habe. Die junge Frau habe mit der Waffe Selbstmord begangen. Die Staatsanwaltschaft gab im April 1992 als Todesursache ebenfalls Selbstmord an.

In allen Teilen der Welt geraten immer wieder Menschen nur deshalb zur Zielscheibe brutaler Repression, weil sie einer bestimmten Bevölkerungsgruppe entstammen. Eines der jüng-

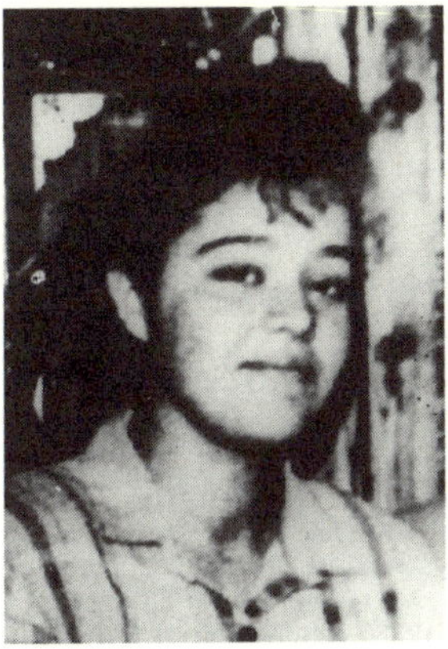

Bişeng Anik starb nach viertägigen Qualen in einem türkischen Verhörzentrum.

sten Beispiele für das unermeßliche Leiden, das Menschen allein deshalb zugefügt wird, weil sie einer bestimmten Religionsgemeinschaft oder Nationalität angehören, findet sich im ehemaligen Jugoslawien.

Am 19. November 1991, einen Tag, nachdem die jugoslawische Volksarmee die von ihr seit drei Monaten belagerte kroatische Stadt Vukovar eingenommen hatte, fiel der 33jährige für Radio Vukovar tätige Journalist Siniša Glavašević dem „Verschwindenlassen" zum Opfer. Trotz des seinerzeit von nationalistischem Haß geprägten Klimas ist Siniša Glavašević, so seine Freunde, keiner derjenigen Journalisten gewesen, die „dem Krieg das Wort geredet hätten". Der Krieg ist vielmehr zu ihm gekommen.

In den letzten Tagen der Belagerung hatten die Mitarbeiter von Radio Vukovar wie viele andere Bewohner der Stadt auch im unterirdischen Komplex des örtlichen Krankenhauses Zuflucht gesucht. Nachdem sich die Stadt den Truppen der jugoslawischen Volksarmee ergeben hatte, wurden in dem Hospital Hunderte Menschen – Klinikangestellte, Patienten,

Zivilisten und unbewaffnete Soldaten – festgenommen. Rund 200 von ihnen sind vermutlich später extralegal hingerichtet und in Ovčara in der Nähe von Vukovar beigesetzt worden. Andere hingegen, darunter nach vorliegenden Erkenntnissen auch Siniša Glavašević, wurden nach Serbien verschleppt und dort in Haftzentren interniert. Im Zuge von Vereinbarungen über den Austausch von Gefangenen kamen einige später wieder frei, von mehr als 200 aus dem Krankenhaus von Vukovar Verschleppten fehlt dagegen bis heute jede Spur. Auch die Ehefrau von Siniša Glavašević und sein neunjähriger Sohn warten noch immer auf eine Nachricht über den Verbleib ihres geliebten Angehörigen.

Seit der Einnahme von Vukovar durch Truppen der Jugoslawischen Volksarmee hat der unversöhnliche Haß zwischen den verschiedenen Nationalitäten, Religionsgemeinschaften und ethnischen Gruppen eine Spirale bestialischer Grausamkeiten in Gang gesetzt. Bewaffnete Kräfte der Serben, Kroaten und Moslems scheinen sich mit ihren Barbareien, mit Folterungen, Verstümmelungen und Massakern gegenseitig überbieten zu wollen. Die Spuren ihrer Schandtaten finden sich allerorts. Es sind behelfsmäßig ausgehobene Gräber mit zu Dutzenden aufgestapelten Leichen, verbrannte Dörfer und blutgetränkte Straßen.

Die Überlebenden der Greuel haben Szenen beschrieben, die sich jeder Vorstellungskraft entziehen. Smilja Jušić, eine mit einem Moslem verheiratete Serbin, mußte beispielsweise hilflos zuschauen, wie im April 1992 irreguläre Kräfte der Serben in der Nähe von Zvornik ihren Mann, ihre beiden ältesten Söhne und drei weitere Bewohner der Gegend ermordeten. „Wir mußten uns mit dem Gesicht auf den Boden legen“, so Smilja Jušić „dann haben sie meinen ältesten Sohn mit einem Stück Draht stranguliert. Ich habe alles genau gesehen.“

Im März 1992 sollen kroatische Truppen in der Ortschaft Sijekovac ein Massaker an fünf serbischen Familien angerichtet haben. Die Zahl der Toten wurde mit 15 angegeben. Ein Mos-

Siniša Glavašević im improvisierten Rundfunk-Studio.

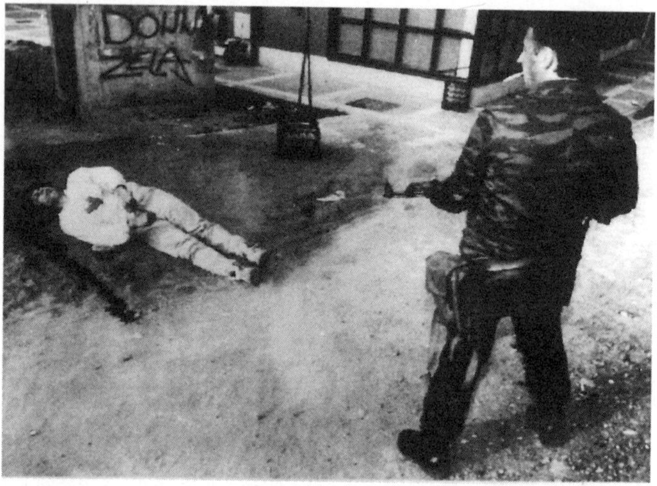

Ein serbischer Freiwilliger feuert auf einen sterbenden Mann. Dies geschah im Mai 1992 in Brcko, im Norden von Bosnien-Herzegowina. Das Opfer hatte mehr als 24 Stunden verletzt, ohne jede Hilfe, dort gelegen.

lem, der sich den kroatischen Kräften angeschlossen hatte und behauptete, an dem Massaker in Sijekovac beteiligt gewesen zu ein, lieferte überdies in einer auf Video aufgezeichneten Aussage eine Beschreibung von Vorfällen, bei denen er und andere Soldaten mehr als 30 ältere Dorfbewohner in ihren Häusern getötet und junge Frauen vergewaltigt hatten.

Im Mai 1992 wurden in der Ortschaft Zaklopača mindestens 83 Moslems, unter ihnen Kinder im Alter von nur zwei Jahren, niedergemetzelt. Die Verantwortung für das Massaker tragen nach vorliegenden Erkenntnissen örtliche uniformierte Kräfte der Serben, die zuvor das Dorf umstellt hatten. Von Jasmina Hodžić erhielt amnesty international eine detaillierte Beschreibung von der Ermordung ihres Vaters: „Zuerst zielten sie auf seine Beine. Als er den Kugeln durch Sprünge auszuweichen versuchte, feuerten sie auf seinen Körper. Wir sahen, wie er zu Boden fiel, und begannen zu schreien. Daraufhin gaben sie auch auf uns Schüsse ab. Wir flüchteten ins Haus, aber sie schossen durch die Fenster immer weiter. Als sie das Feuer einstellten, gingen sie wohl davon aus, daß wir alle tot sind."

In der in Bosnien-Herzegowina gelegenen Stadt Mostar trieben am 13. Juni 1992 serbische Truppen annähernd 50 Menschen zusammen, sonderten Frauen, Kinder und Serben aus und brachten die übrigen Männer zum Friedhof von Sutina. Ein Überlebender der Ereignisse, ein Moslem, berichtete, er habe kurz darauf Schüsse gehört. Zusammen mit einem anderen Gefangenen sei er gezwungen worden, die Leichen von sieben oder acht Männern zu einer Schutthalde am Ufer der Neretva zu schleppen. Nur durch einen Sprung vom Uferkai ins Wasser habe er sein eigenes Leben retten können. Im August gab der Polizeichef von Mostar bekannt, daß in der Stadt Massengräber mit insgesamt 150 Leichen entdeckt worden seien. Die Opfer waren ausnahmslos durch aus nächster Nähe abgefeuerte Schüsse ums Leben gekommen.

Von freigelassenen moslemischen Gefangenen erfuhr amnesty international, daß in den Monaten Juni und Juli 1992 serbische Kräfte in Internierungslagern in Bosnien-Herzegowina zahlreiche Häftlinge ermordet haben. Im Lager von Omarska, so die übereinstimmenden Aussagen einer Vielzahl ehemaliger Gefangener, starben in den beiden genannten Monaten nahezu jede Nacht mehrere Menschen. Viele wurden von dem Wachpersonal oder ortsansässigen Serben, die sich des Nachts Zutritt zu dem Lager verschafft hatten, zu Tode geprügelt. In einigen Nächten sollen bis zu 30 Lagerinsassen ermordet worden sein. Auch festgenommene Serben sind nach vorliegenden Berichten von verfeindeten Kräften getötet worden. So verlautete aus serbischen Quellen, daß im Juni und Juli 1992 mindestens fünf von bosnischen Truppen in einem nahe Konjic gelegenen Haftlager internierte Serben unter Schlägen ums Leben gekommen seien.

Daß Menschen allein wegen ihrer Nationalität, ihrer ethnischen Herkunft oder ihrer Religionszugehörigkeit zur Zielscheibe extralegaler Hinrichtungen werden, ist ein weltweit zu beobachtendes verbrecherisches Phänomen. Die seit Jahrhunderten an den Ureinwohnern des amerikanischen Kontinents verübten Massaker sind in jüngster Zeit zwar verstärkt in den Blickpunkt der nationalen Kritik geraten, Einhalt ist ihnen aber nicht geboten worden. In Guatemala beispielsweise haben in den 70er und 80er Jahren Zehntausende unschuldige indianische Bauern bei Operationen der Armee zur Bekämpfung von Aufständischen ihr Leben verloren. Auch in Peru haben die indigenen Gemeinschaften unter dem seit nunmehr einem Jahrzehnt andauernden bewaffneten Konflikt zwischen Guerillagruppen und Regierungskräften in hohem Maße zu leiden. Entführungen und Morde sind für sie eine allgegenwärtige Bedrohung. In Mexiko sind in Landkonflikte verwickelte indianische Ureinwohner von den Sicherheitskräften des Landes oder mit deren Unterstützung von Killern im Sold von Großgrundbesitzern extralegal hingerichtet worden.

Aus Bolivien erhält amnesty international seit Jahren von Berichten über vorsätzliche Morde an Führern indigener Gemeinschaften Kenntnis, für die eine Spezialeinheit der bolivianischen Polizei für Drogenbekämpfung verantwortlich gemacht wird. Im Mai 1992 beispielsweise wurde Emilio Flores Cropa, ein junger Kokapflanzer, im Zuge einer Razzia bei Eterazama im Departement Cochabamba von Angehörigen der genannten Sondereinheit getötet. Nach offizieller Darstellung starb er bei einem Zusammenstoß mit Drogenhändlern. Führende Mitglieder der Landarbeitergewerkschaft hingegen

Angehörige beweinen den zehnjährigen Gerónimo Soyuel Sisay. Er war eines der 15 Opfer, als guatemaltekische Soldaten im Dezember 1990 das Feuer auf eine Gruppe unbewaffneter Tzutujil-Indianer eröffneten.

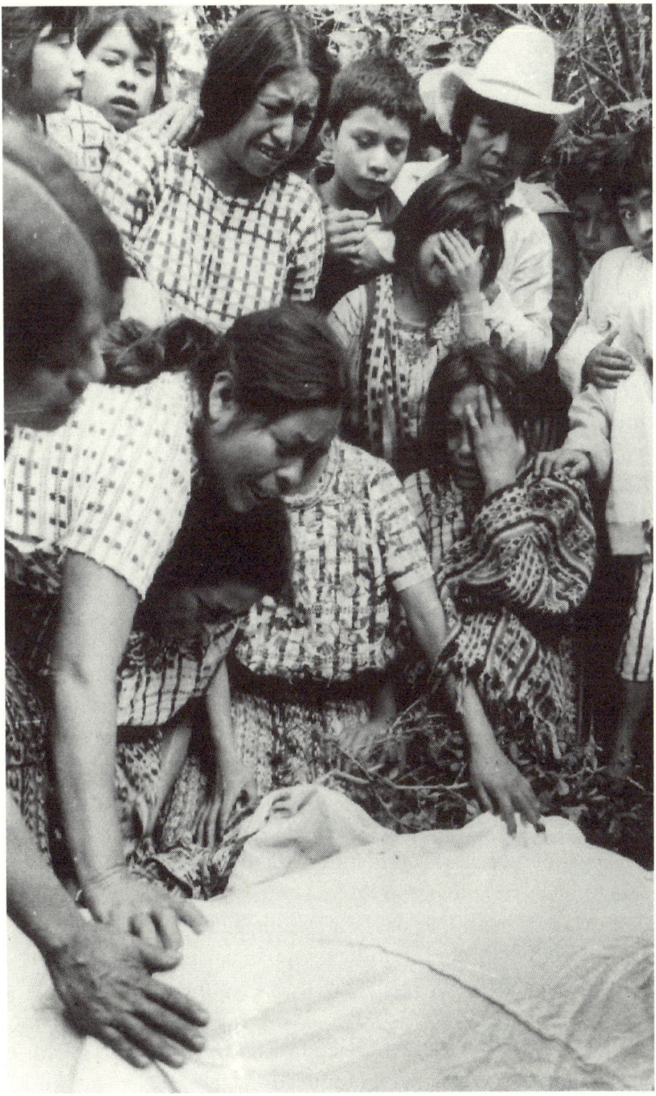

widersprachen der offiziellen Version und erhoben den Vorwurf, die Einsatzkräfte der Sondereinheit hätten das Feuer auf flüchtende Bauern eröffnet.

Auch in anderen Teilen der Welt sind Menschen wegen ihrer ethnischen Herkunft oder ihrer Religionszugehörigkeit politischen Morden oder dem „Verschwindenlassen" zum Opfer gefallen. Der 24jährige Srilanker Seenithambi Pillanayagam etwa gilt seit September 1990 als „verschwunden". Er arbeitete als „Toddy"-Zapfer, sammelte den Saft von Palmen, aus dem ein als Toddy bekanntes alkoholisches Getränk hergestellt wird. Am 5. September drang die srilankische Armee in Vantharamoolai, Distrikt Batticaloa, in ein Flüchtlingslager auf dem Gelände der Eastern Universität ein, wo Tausende Menschen – vorwiegend Tamilen – lebten, die vor den erbitterten Kampfhandlungen in der Region zwischen Regierungstruppen und Rebelleneinheiten der Befreiungstiger von Tamil Eelam geflohen waren. Im Zuge der Razzia nahmen die Soldaten 159 männliche Lagerinsassen im Alter zwischen zwölf und 45 Jahren fest. Es handelte sich ausnahmslos um Tamilen. Von allen, auch von Seenithambi Pillanayagam, fehlt seitdem jede Spur.

In den Chittagong-Bergen Bangladeschs sind vor dem Hintergrund langwieriger Auseinandersetzungen zwischen Regierungseinheiten und bewaffneten Stammesgruppen, die einen Autonomiestatus für die Region durchzusetzen versuchen, seit 1989 Hunderte an den Kampfhandlungen unbeteiligte Stammesangehörige extralegal hingerichtet worden. Allein am 10. April 1992 beispielsweise starben in der Ortschaft Logang nach vorliegenden Meldungen mehr als 100 unbewaffnete Zivilisten. Wie es hieß, setzten paramilitärische Sicherheitskräfte in einem Akt der Vergeltung für die Ermordung eines bengalischen Jungen durch bewaffnete Stammesgruppen das Dorf in Brand und erschossen jeden, der sich aus den Flammen zu retten versuchte.

Am 4. Oktober 1990 drangen in Kaboye, einer Ortschaft in der Nähe der ruandischen Hauptstadt Kigali, Regierungssoldaten in das Haus des 45jährigen Michel Karambizi ein und zwangen ihn, seine Frau und ihr zehnjähriges Kind mit vorgehaltener Waffe ins Freie. Dort wurden alle drei kaltblütig erschossen. Michel Karambizi gehörte dem Mehrheitsvolk der Hutu an. Er und seine Familie wurden offenbar nur deshalb ermordet, weil der Bruder von Michel Karambizi im Verdacht stand, die Ruandische Patriotische Front zu unterstützen, eine vorwiegend aus Angehörigen der ethnischen Gruppe der Tutsi bestehende Rebellenorganisation, die wenige Tage zuvor im Norden Ruandas mehrere Ortschaften angegriffen hatte.

In den Monaten nach den Anschlägen der Rebellen fielen mehr als 1 000 Menschen Massakern durch Regierungstruppen zum Opfer, deren Ziel es war, den Aufständischen jegliche Unterstützung in der Bevölkerung zu entziehen. Viele andere Ruander gelten seitdem als „verschwunden". Im Gegensatz zu Michel Karambizi und seiner Familie handelte es sich bei den Opfern größtenteils um Tutsi.

Die ruandische Regierung sicherte seinerzeit zu, die Morde an der Familie Karambizi von der Justiz untersuchen zu lassen. Seitdem sind drei Jahre vergangen, ohne daß etwaige Ergebnisse publik gemacht worden wären. Im Januar 1993 hielt sich eine internationale Kommission in Ruanda auf, um die im Land seit Oktober 1990 begangenen Menschenrechtsverletzungen zu untersuchen. In ihrem im März 1993 veröffentlichten Bericht machte sie die Regierung von Präsident Juvénal Habyarimana für Tausende politische Morde an Tutsi sowie an Kritikern und Gegnern der amtierenden Administration verantwortlich, ausgeführt von den regulären Sicherheitskräften, bewaffneten Milizen und der Partei des Präsidenten nahestehenden Vigilantengruppen.

Anfang 1990 wurden einem kolumbianischen Viehzüchter 43 Rinder gestohlen. Drei Wochen später entführte eine Gruppe bewaffneter Männer, von denen einige Militäruniform trugen, andere ihre Gesichter unter Kapuzen verborgen hatten, 43 Bewohner der Gegend, die nie wieder lebend gesehen wurden. Hinter diesem Racheakt steckt eine einfache wie abstoßende Logik. Die Rinder waren in der Nähe von Pueblo Bello, einer kleinen Stadt in der Region Urabá im Nordwesten Kolumbiens gestohlen worden, wie es hieß von Guerillas der Volksbefreiungsarmee. Der Ranchbesitzer, in der Gegend unter dem Namen „Rambo" bekannt, bezichtigte die Bewohner von Pueblo Bello, mit der Guerilla zu sympathisieren. Wenig später fielen bewaffnete Männer in die Kleinstadt ein, zerrten Menschen aus ihren Häusern und verschleppten sogar in der Kirche versammelte Gläubige. Für jedes gestohlene Rind wurde ein Mensch entführt, eine einfache Rechnung. Die 43 willkürlich herausgegriffenen Bewohner von Pueblo Bello wurden auf Lastwagen abtransportiert, die unbehelligt eine vom Militär errichtete Straßensperre passieren konnten.

Im Februar 1990, einen Monat nach dem Vorfall, stellte sich einer der Entführer freiwillig den Zivilbehörden. Er sagte aus, man habe die 43 verschleppten Bewohner von Pueblo Bello zur Ranch von „Rambo" gebracht und dort gefoltert, ermordet und begraben. Die Polizei durchsuchte daraufhin die Ranch und entdeckte Massengräber mit insgesamt 24 Leichen. Sechs der Toten konnten identifiziert werden. Sie gehörten zu den 43 Entführungsopfern. Die Leichen der übrigen verschleppten Männer fand man nicht.

Kurz nach dem Leichenfund nahmen die Behörden fünf Mitglieder einer paramilitärischen Gruppe fest und stellten sie wegen Entführung und Mordes unter Anklage. Doch bereits kurze Zeit später kamen die fünf wieder aus der Haft frei. Die mit dem Fall betraute Staatsanwältin, Dr. María Ester Restrepo

Quinceño, wurde im Juli 1990 zusammen mit ihrem Leibwächter erschossen. Erneut verhafteten die Behörden vier Tatverdächtige, darunter einen Polizisten, der angab, die für das Attentat auf die Juristin benutzten Gewehre seien von einem Soldaten des Armeebataillons Voltígeros zur Verfügung gestellt worden. Ein Ende der Mordspirale, in Gang gesetzt durch den Verlust einiger Rinder eines Viehzüchters, scheint nicht in Sicht.

Ende 1991 drangen in Muzinda burundische Soldaten in das Haus von Isidore Ciza ein, da sie ihn der Unterstützung von Hutu-Aufständischen verdächtigten. Die Soldaten fanden weder den Gesuchten, noch entdeckten sie Waffen. Stattdessen standen ihnen verschreckte Kinder und Frauen gegenüber, an denen sie, ohne zu zögern, brutale Rache nahmen. Mit vorgehaltenen Waffen zwangen sie Frauen und Kinder zurück ins Haus und warfen anschließend eine Granate hinein. Bei der

Angehörige demonstrieren gegen das „Verschwinden" von 43 Menschen in Pueblo Bello, Kolumbien.

Explosion kamen fast alle der Anwesenden ums Leben. Doch damit gaben sich die Soldaten nicht zufrieden. Sie drangen erneut in das Haus ein und feuerten aus nächster Nähe auf die Kinder, um sicherzugehen, daß diese auch wirklich tot waren. Lediglich Beatrice Tabu, die zweite Ehefrau von Isidore Ciza, überlebte das Massaker, weil sie sich unter einem Bett hatte verstecken können. Getötet wurden unter anderem die 27jährige Maria Mawazo, die 18jährige Génénrose Habonimana, die sechsjährige Pélagie Nzeyimana, der fünf Jahre alte Junge Jean-Claude Nduwimana, die vierjährige Anita Ndayishimiye und das Kleinkind Guillaume Ndayisenga. Die Regierung erklärte lediglich, die niedergemetzelten Frauen und Kinder seien „im Kreuzfeuer umgekommen". Insgesamt sind in Burundi Ende 1991 im Zuge von Operationen der Armee gegen Hutu-Rebellen nicht weniger als 1 000 Zivilisten der Volksgruppe der Hutu extralegal hingerichtet worden.

Der Sudanese Camillo Odongi Loyuk mußte sterben, weil er seine belagerte Heimatstadt Juba zum falschen Zeitpunkt verlassen hatte. Der ältere Mann, ein Regierungsangestellter, beschloß im Juli 1992, nach Khartum zu reisen, um sich vom Wohlergehen seiner beiden Töchter, die dort die Schule besuchten, zu überzeugen. In den Wochen zuvor hatten Rebellen von der Sudanesischen Volksbefreiungsarmee Juba zweimal angegriffen und die Stadt fast unter ihre Kontrolle gebracht. Die Armee sann folglich auf Rache. Im Zuge von „Säuberungsaktionen" durchkämmten Regierungstruppen auf der Suche nach Aufständischen in Juba Haus für Haus und erschossen nach vorliegenden Berichten insgesamt mehrere hundert junge Männer. Einige Vororte der Stadt wurden dem Erdboden gleichgemacht. Rund 100 Menschen, unter ihnen mehrere Kollegen von Camillo Odongi Loyuk, gerieten in Gefangenschaft und gelten seitdem als „verschwunden".

Camillo Loyuk wurde nach seinen Eintreffen in Khartum festgenommen, weil die Behörden ihm unterstellten, er habe Juba nur deshalb verlassen, um sich seiner Verhaftung zu ent-

Camillo Odongi Loyuk

ziehen. Man brachte ihn in ein Verhörzentrum und fesselte ihn dort an ein Fensterkreuz. Seine Peiniger legten ihm eine Gleitschlinge um die Hoden, die sich mit jeder Bewegung straffer zusammenzog und unerträgliche Schmerzen verursachte. Anschließend prügelten sie ihn zu Tode.

Im November 1992 gaben die sudanesischen Behörden die Bildung eines Untersuchungsausschusses zur Aufklärung der Vorfälle in Juba bekannt. Dabei handelt es sich jedoch kaum um mehr als ein Täuschungsmanöver. Fast ein Jahr nach den Morden ist es dem Ausschuß noch immer nicht gelungen, Licht in auch nur einen der Fälle zu bringen. Die Umstände des Todes von Camillo Odongi Loyuk sind ebenfalls noch ungeklärt.

Angolanische Regierungstruppen führten im September 1992 Vergeltungsschläge gegen die Bewohner der Enklave Cabinda, wo Aufständische mit Waffengewalt die Unabhängigkeit erzwingen wollen. Den Racheakten fielen mindestens sechs Zivilisten zum Opfer. So wurde eine Frau erschossen, als sie gerade die Treppe vor ihrem Haus wischte. Der Regierungsangestellte João „Incumbio“ Macaia wurde von Soldaten bei lebendigem Leibe verbrannt, indem sie ihm einen Autoreifen um den Hals legten, diesen anschließend mit Benzin übergossen und anzündeten. Anfang November 1992 fielen in der angolanischen Hauptstadt Luanda bei Haus-zu-Haus-Razzien auf der Suche nach UNITA-Rebellen Hunderte wehrlose Menschen vorsätzlichen Tötungen zum Opfer, für die sowohl Regierungstruppen als auch bewaffnete Zivilisten Verantwortung tragen. Zeugen berichteten, sie hätten Leichen mit gefesselten Hand- oder Fußgelenken gesehen, was darauf schließen läßt, daß die Opfer gefangengenommen und anschließend ermordet worden sind.

WARUM DER TERROR WEITERGEHT

Wie auf den Seiten des vorliegenden Berichts dokumentiert, greifen Regierungen zu brutalen Repressionsmethoden wie politischen Morden und dem „Verschwindenlassen" meist dann, wenn sie sich in ihrer Autorität bedroht fühlen, sei es von schlagkräftigen Oppositionsbündnissen, von denen eine ernsthafte Gefährdung der politischen Machtverhältnisse ausgeht, sei es von einer Handvoll Kritiker, die lediglich ihre abweichenden Meinungen offen äußern oder am politischen Leben des Landes beteiligt werden möchten.

Die Frage bleibt, von welchen Überlegungen sich Regierungen leiten lassen, wenn sie sich für Mord als Bestandteil ihrer Politik entscheiden. Bisweilen hat es den Anschein, als erhofften sie sich davon eine schnelle Lösung anstehender Probleme. Sie wählen den vermeintlich bequemeren Weg und lassen ihre Truppen angebliche Mitglieder bewaffneter Oppositionsgruppen ermorden, statt in einem langwierigen rechtsstaatlichen Verfahren Schuld oder Unschuld verdächtigter Personen nachzuweisen. Andere Regierungen mögen es unter dem Druck der öffentlichen Meinung, die nach einem harten Durchgreifen zur Eindämmung der Kriminalität verlangt, für politisch opportun erachten, „Säuberungsaktionen“ anzuordnen oder zumindest zu dulden, auch wenn es sich dabei um nichts anderes handelt, als um verbrecherische Kampagnen zur Liquidierung „sozial unerwünschter“ Personen. In Ländern wie Brasilien, China, Indonesien, Pakistan und Venezuela fordern derartige „Offensiven zur Kriminalitätsbekämpfung“ nach wie vor alljährlich eine Vielzahl von Menschenleben, ohne daß sich dagegen lautstarker Protest regen würde.

Wo Regierungen staatliche Morde sanktionieren, geschieht dies häufig aus einem Gefühl heraus, dazu quasi gewohnheitsrechtlich legitimiert zu sein, sei es, weil ihre Vorgänger sich derselben Methoden bedient haben, sei es, weil die Praxis sich über viele Jahre hinweg derart verfestigt hat, daß sie zum alltäglichen Erscheinungsbild geworden ist. In Myanmar beispielsweise, wo die Armee bereits seit 1949 gegen bewaffnete Separatisten des Volkes der Karen ankämpft, bedienen sich die Soldaten routinemäßig grob menschenverachtender Repressionsmethoden. In den von Karen bewohnten Landesteilen besteht die Normalität darin, daß sich die Streitkräfte regelmäßig brutaler Übergriffe gegen die Zivilbevölkerung schuldig machen.

In einigen Fällen läßt der Selbstbehauptungswille – oder der Wunsch nach Machterhalt und Wahrung der Privilegien – Regierungen anscheinend zu allen nur denkbaren Mitteln der Repression greifen. Die mit einer friedlichen Demokratiebewegung konfrontierten Behörden in Peking scheuten sich nicht, ganze Armeedivisionen und Hunderte Panzer aufmarschieren zu lassen, um wehrlose, unbewaffnete Demonstranten niederzumetzeln. Mit einer Welle härtester Unterdrückung in den Monaten nach dem Massaker auf Pekings Platz des Himmlischen Friedens hat die chinesische Führung ihr Ziel erreicht, zumindest auf kurze Sicht.

Purer Selbstbehauptungswille dürfte auch die irakische Regierung veranlaßt haben, nach dem Golfkonflikt sowohl im Süden als auch im Norden des Landes ausgebrochene Massenaufstände mit brutaler Gewalt und entsetzlichen Massakern niederzuschlagen.

In anderen Teilen der Welt haben Regierungen nach der Machtergreifung auf Terror, auf politische Massenmorde und das „Verschwindenlassen" gesetzt, um ihre Position zu festigen. Ein klassisches Beispiel hierfür ist Chiles Militäradministration unter General Pinochet, die nach dem Sturz des demokratisch gewählten Präsidenten Allende 1973 mehr als 2000 Zivilpersonen extralegal hinrichten ließ. Ähnlicher Methoden bedienten sich auch die Militärmachthaber Haitis, nachdem sie 1991 die gewählte Regierung von Präsident Aristide aus dem Amt geputscht hatten. Innerhalb von zwei Jahren fielen mindestens 1000 Haitianer politischen Morden zum Opfer, mehrere zehntausend Menschen versuchten, ihr Leben durch Flucht ins Ausland in Sicherheit zu bringen.

In einigen Staaten verfolgen die dortigen Regierungen eine Aufstandsbekämpfungsstrategie der vorsätzlichen und überlegten Liquidierung nicht nur der bewaffneten Opposition, sondern ganzer Bevölkerungsgruppen, deren Unzufriedenheit mit der offiziellen Politik sie als potentielle Aufständische gefährlich erscheinen läßt. Die Ergebnisse einer solchen Strategie sind dort, wo sie praktiziert worden ist, unterschiedlich ausgefallen. In einigen Fällen wurde tatsächlich jedwede Opposition zerschlagen, zumindest vorübergehend. In anderen Fällen dagegen wurden den Aufständischen nur noch mehr Anhänger und aktive Mitglieder in die Arme getrieben.

In Sri Lanka hat die Praxis des „Verschwindenlassens" und politischer Morde sogar innerhalb des Landes zu unterschiedlichen Resultaten geführt. Während im Süden nach zwei Jahren unverhohlenem staatlichem Terror eine bewaffnete Opposition seit 1990 faktisch nicht mehr existent ist, haben dieselben Methoden der Aufstandsbekämpfung im Norden und Osten der Insel zu einem Anwachsen der Rebellentätigkeit geführt. Die Behörden haben dort über weite Landesteile die Kontrolle verloren, während die Befreiungstiger von Tamil Eelam, die größte der im Nordosten Sri Lankas operierenden Separatistenorganisationen, seit Ende der 70er Jahre von einer kleinen Gruppe bewaffneter Tamilen zu einer schlagkräftigen Streitmacht mit mehreren tausend Kämpfern angewachsen ist.

Auf den Philippinen hat die neue Regierung von Präsidentin Corazon Aquino 1987 eine Kampagne der „totalen" Aufstandsbekämpfung ins Leben gerufen und damit ein Klima geschaffen, das Menschenrechtsverletzungen Vorschub leistet. Die von den Militärs entwickelte Strategie beinhaltet offenbar auch die Möglichkeit der extralegalen Hinrichtung unbewaffneter Zivilisten. So erklärte 1988 ein ranghoher Offizier, die Strategie bestehe unter anderem darin, der bewaffneten oppositionellen Neuen Volksarmee die Basis zu entziehen, indem man deren „Frontorganisationen in der Arbeiter- und Studentenschaft, in den städtischen Armenvierteln sowie in kirchlichen oder anderen sozial verpflichteten Kreisen isoliert". In der Praxis bedeutete dies häufig, daß bestimmte Gruppierungen als „Frontorganisationen" der Neuen Volksarmee gebrandmarkt, deren Mitglieder damit den Guerillas gleichgesetzt und dem „Verschwindenlassen" und der ungesetzlichen Tötung „kommunistischer Sympathisanten" grünes Licht gegeben wurde. Die Kampagne der „totalen" Aufstandsbekämpfung hat ihr ausdrückliches Ziel – die völlige Zerschlagung der Neuen Volksarmee bis zum Jahre 1992 – verfehlt. Stattdessen hat sie Hunderte Menschen das Leben gekostet, deren einziges „Vergehen" darin bestanden hat, daß sie ihre Überzeugungen in friedlicher Weise zum Ausdruck gebracht haben.

In einigen Staaten, wie etwa Marokko und der Westsahara, sind Menschen politischen Morden und dem „Verschwindenlassen" zum Opfer gefallen, um die Opposition einzuschüchtern und aufkommende oppositionelle Bestrebungen bereits im Keim zu ersticken.

In einer Reihe von Ländern führen zwar gewählte Zivilregierungen die Amtsgeschäfte, in der Praxis allerdings haben sie einen Teil ihrer Machtbefugnisse an das Militär abgetreten. So wurden beispielsweise in Peru seit Anfang 1983 über immer weitere Teile des Landes der Ausnahmezustand verhängt und dort das Militär mit Kontrollbefugnissen ausgestattet. Als Präsident Fujimori im April 1992 mit ausdrücklicher Unterstützung der Streitkräfte den Kongreß auflöste und die verfassungsmäßige Ordnung außer Kraft setzte, gelangten politische Beobachter zu der Einschätzung, daß in Peru nur noch den Buchstaben nach eine rein zivile Regierung amtiert, während faktisch eine zivil-militärische Administration die Macht im Land ausübt. Ein solches System der Machtaufteilung steht der lückenlosen Aufklärung von Menschenrechtsverbrechen im Wege.

Politische Massenmorde wurden ferner aus Staaten bekannt, in denen eine zentrale Regierungsgewalt nicht mehr vorhanden und die staatliche Ordnung zusammengebrochen ist. Dies gilt beispielsweise für Somalia und Liberia, wo rivalisierende bewaffnete Gruppen in dem Versuch, ihre Kontrolle über Teile des Landes zu festigen oder ihre Macht auszuweiten, grausamste Menschenrechtsverbrechen begangen haben.

All die genannten Beweggründe, die Regierungen veranlassen mögen, zum Mittel der Repression zu greifen, haben eins gemeinsam: Sie fußen auf politischen Zweckmäßigkeitserwägungen. Regierungen, die ihren Truppen Mordbefehl erteilen oder Tötungen ausdrücklich billigen, tun dies in dem Bewußtsein, mit derartigen Methoden ihre Ziele schneller und bequemer als mit rechtsstaatlichen Mitteln erreichen zu können, oder sie glauben, nur auf diese Weise ihre Macht und ihre liebgewordenen Privilegien verteidigen zu können. Wo Regierungen ein gesellschaftliches Klima entstehen lassen, in dem die Menschenrechte anscheinend beliebig politischen Zielen untergeordnet werden können, klingt der Aufschrei der Entrüstung über brutale Praktiken oppositioneller Gruppen hohl und unglaubwürdig.

STRAFFREIHEIT

Ein Charakteristikum der im vorliegenden Bericht beschriebenen Menschenrechtsverbrechen ist das Faktum, daß die Täter straffrei agieren können. Erstaunen darf dies allerdings nicht, denn sie stehen in den Diensten exakt derjenigen Staatsorgane, die mit der Durchsetzung von „Recht und Gesetz" betraut sind.

In einigen Ländern, in denen die Menschenrechte mit Füßen getreten werden, zeigen sich die Machthabenden davon weitgehend unberührt. Die Regierung in Myanmar etwa hat in ihrem Versuch, jegliche Opposition mit rüdesten Methoden zu unterdrücken, das Land in einen „geheimen Terrorstaat" verwandelt. Die irakischen Regierungstruppen haben nach dem Ende des Golfkriegs unter der kurdischen Bevölkerung im Norden des Landes und unter den im Süden Iraks beheimateten schiitischen Moslems Massaker angerichtet, denen Tausende Bürger zum Opfer gefallen sind. Die chinesische Führung zeigt bis heute keinerlei Gefühl der Beschämung angesichts der von ihr zu verantwortenden Ermordung friedlicher, unbewaffneter und wehrloser Anhänger der Demokratiebewegung.

In anderen Ländern haben Regierungen mit dem Inkraftsetzen von „Notstandsverordnungen" den staatlichen Sicherheitskräften in weitgehend unverbrämter Manier signalisiert, daß sie von nun an straffrei morden können. So bemühen Regierungen in derartigen Situationen gerne das Argument der Notwendigkeit staatlichen Eingreifens zur Eindämmung politischer Gewalt, häufig jedoch stellen die von ihnen ergriffenen Maßnahmen nichts weiter als den Versuch dar, lästigen Rechtfertigungszwängen für Verhaftungen auszuweichen. Lieber verfolgen sie eine Politik des gezielten Todesschusses, die sie vermeintlich vor weiteren bohrenden Nachfragen schützt.

In Indien gibt ein Sonderermächtigungsgesetz den Sicherheitskräften in einer Reihe von Bundesstaaten, in denen bewaffnete Oppositionsgruppen aktiv sind, weitreichende Befugnisse, gegen straftatverdächtige Personen tödliche Gewalt anzuwenden, ohne sich dafür vor dem Gesetz verantworten zu müssen. In der entsprechenden Rechtsvorschrift heißt es wortwörtlich: „Gegen keine Person, die in Ausübung ihrer durch dieses Gesetz übertragenen Vollmachten handelt, dürfen strafrechtliche, zivilrechtliche oder andere rechtliche Maßnahmen ergriffen werden."

In Sri Lanka waren unter den Bestimmungen des Ausnahmezustandes zeitweise Regelungen in Kraft, die die Polizei ermächtigten, Leichen ohne vorherige Autopsie und ohne amtliche Feststellung der Todesursache beizusetzen. Damit wurden nicht nur ordentliche Ermittlungen zur Aufklärung von Todesfällen vereitelt, es konnten auch ungesetzliche Tötungen ohne größere Schwierigkeiten vertuscht werden. In dem Zeitraum, in dem die genannte Vorschrift in Kraft war, lag die Zahl „verschwundener" oder extralegal hingerichteter Personen besonders hoch.

In der Türkei ist in den zurückliegenden zwei Jahren eine dramatische Zunahme politischer Morde, vor allem in den zehn südöstlichen Provinzen, die unter Notstandsrecht stehen, zu verzeichnen, Nach den Bestimmungen des Ausnahmezustands können Beschwerden gegen Angehörige der Sicherheitskräfte nur mit Zustimmung der örtlichen Zivilverwaltung, der für die Polizei- und Sicherheitsdienste zuständigen Behörde, vor Gericht aktenkundig gemacht werden. Von dieser Regelung ausgenommen ist lediglich der Tatvorwurf des Mordes und des versuchten Mordes. Die Staatsanwaltschaften in der Türkei, deren Pflicht es ist, in Fällen umstrittener Tötungen durch die Ordnungskräfte Ermittlungen aufzunehmen, haben bislang stets ein äußerst zögerliches Verhalten an den Tag gelegt, Angehörige der Sicherheitskräfte für im Dienst begangene Handlungen strafrechtlich zu verfolgen.

Der zunehmende Stellenwert, der den Menschenrechten in den internationalen Beziehungen beigemessen wird, hat dazu geführt, daß es heutzutage kaum eine Regierung mehr wagt, ihren Soldaten unverblümt Mordbefehle zu erteilen. Stattdessen ordnen sie verdeckte Operationen an oder lassen „Exzesse“ stillschweigend geschehen. Wo Menschenrechtsverbrechen ans Tageslicht gelangen, setzen die Machthabenden alles daran, die volle Wahrheit zu unterdrücken und die Schuldigen zu schützen.

Ende 1992 wurden aus einem Massengrab in El Mozote im Norden El Salvadors die Skelette unzähliger Kinder geborgen. Die Leichenfunde geben ein grimmiges Zeugnis von den Grausamkeiten ab, die in dem mittelamerikanischen Land während des zwölf Jahre tobenden Bürgerkriegs begangen worden sind. El Mozote war 1981 Schauplatz eines blutigen Massakers, dem nach Angaben von Überlebenden mindestens 794 Menschen – viele von ihnen Kinder – zum Opfer gefallen sind. Damals haben Einheiten des Atlacatl-Bataillons systematisch Jagd auf die Bewohner von El Mozote gemacht, sie mit Maschinengewehren erschossen oder mit Macheten oder Messern niedergemetzelt. Einige Frauen wurden vergewaltigt und anschließend ebenfalls getötet. Die salvadorianischen Behörden haben das Massaker mehr als zehn Jahre lang beharrlich abgeleugnet. Erst 1992 schließlich haben sie unter dem Druck der Öffentlichkeit der Exhumierung der in El Mozote in Massengräbern verscharrten Leichen zugestimmt.

Ein Anfang 1992 zwischen der salvadorianischen Regierung und der bewaffneten Opposition unterzeichnetes Friedensabkommen sah unter anderem die Einsetzung einer Wahrheitskommission der Vereinten Nationen vor, deren Aufgabe es sein sollte, Aufklärung in die zwischen 1980 und 1992 von Regierungstruppen und Guerillakräften begangenen Menschenrechtsverletzungen zu bringen. Die Mitglieder der Kommission haben „auf der Suche nach Wahrheit als der Basis für nationale Versöhnung“ die Aussagen mehrerer tausend Salvadorianer entgegengenommen. Auch das Massaker in El Mozote wurde von ihnen untersucht.

Im März 1993 veröffentliche die Wahrheitskommission die Ergebnisse ihrer Recherchen. Sie machte Regierungstruppen für schwere Menschenrechtsverletzungen während des bewaffneten Konflikts verantwortlich. Kaum eine Woche später leistete Präsident Alfredo Cristiani seine Unterschrift unter ein Amnestiegesetz, das all jenen Schutz vor Strafverfolgung gewährt, die sich vor 1992 Menschenrechtsverletzungen schuldig gemacht haben. Schon tags darauf ließen die Behörden unter Berufung auf die Amnestievorschriften einen Armeeoberst und einen Leutnant aus der Haft frei, die erst wenige Monate zuvor zu je 30 Jahren Freiheitsentzug verurteilt worden waren, nachdem ein Gericht sie des Mordes an sechs Jesuitenpatres, der Haushälterin der Priester und deren Tochter im Jahre 1989 für schuldig befunden hatte. Die Verurteilung des Armeeobersten war der erste und einzige Fall in El Salvador, im den ein ranghoher Offizier für Menschenrechtsverletzungen zur Verantwortung gezogen worden ist.

Der Prozeß der „nationalen Versöhnung“ wird nicht dadurch vorangebracht, daß Menschenrechtsverbrechen ungeahndet bleiben. Dies hat sich überall auf der Welt gezeigt. Straffreiheit für Menschenrechtsverbrecher löst bei den Opfern und ihren Familien vielmehr zu Recht ein bleibendes Gefühl der Bitterkeit aus und erzeugt in der Bevölkerung Unsicherheit über die weitere Zukunft des Landes. Hinzu kommt, daß die in den Reihen der Sicherheitskräfte für Menschenrechtsverletzungen Verantwortlichen in der Regel in ihren Machtpositionen belassen werden und ihnen die Botschaft übermittelt wird, auch künftig straffrei agieren zu können.

Bemühungen, die Wahrheit über Menschenrechtsverletzungen ans Tageslicht zu bringen und der Gerechtigkeit zum

Durchbruch zu verhelfen, sind häufig durch die Verabschiedung von Amnestiegesetzen zunichte gemacht worden. Selbst in Argentinien, wo nach dem Übergang zu einer zivilen Regierung zunächst mit Nachdruck die in den Jahren zuvor im Amt befindlichen politischen und militärischen Führungen für die von ihnen zu verantwortenden Menschenrechtsverletzungen zur Rechenschaft gezogen worden sind, hat die Politik kein Beharrungsvermögen gezeigt, den eingeschlagenen Weg konsequent zuende zu führen. 1985 wurden fünf Mitglieder der Militärjunten, die das Land in den Jahren 1976 bis 1983 regiert hatten, verurteilt. Im Zuge ihres „schmutzigen Krieges gegen die Subversion" waren mehr als 9000 Argentinier dem „Verschwindenlassen" zum Opfer gefallen. Als 1983 eine gewählte Zivilregierung ihr Amt antrat, rief sie eine nationale Kommission zur Aufklärung der „Verschwundenen"-Schicksale ins Leben, die 1984 unter dem Titel „Niemals wieder" (Nunca Más) einen detaillierten Bericht vorlegte. Doch die anfänglichen Initiativen, das gesamte Ausmaß der in der Vergangenheit verübten Menschenrechtsverletzungen ans Tageslicht zu bringen, wurden inzwischen durch Amnestiegesetze und Präsidialerlasse konterkariert, die weitere Strafverfolgungsmaßnahmen ausschließen und denjenigen Immunität gewähren, die geltend machten, auf Befehl vorgesetzter Stellen gehandelt zu haben. Die fünf Junta-Mitglieder und andere ranghohe Offiziere, die sich während des „schmutzigen Krieges" schwerer Menschenrechtsverbrechen schuldig gemacht haben und von ordentlichen Gerichten zu Gefängnisstrafen verurteilt worden sind, befinden sich inzwischen wieder auf freiem Fuß.

In Uruguay hat die dortige Militärregierung vor ihrem Ausscheiden aus dem Amt 1985 mit der neuen gewählten Führung ein Amnestiegesetz ausgehandelt, welches bis heute verhindert hat, daß die in den Jahren 1973 bis 1985 für Massaker und das „Verschwindenlassen" Verantwortlichen zur Rechenschaft gezogen worden sind. Im Oktober 1992 allerdings urteilte die Amerikanische Menschenrechtskommission, daß das Amnestiegesetz mit der Amerikanischen Menschenrechtskonvention unvereinbar sei.

Die chilenischen Gerichte stützen sich bei ihrer Spruchpraxis weiterhin auf ein von den ehemaligen Militärmachthabern verabschiedetes Militärgesetz und verfügen die Einstellung von Verfahren, die Aufklärung in die vor 1978 begangenen Menschenrechtsverletzungen bringen sollten. Selbst ein von der Nationalen Kommission für Wahrheit und Versöhnung 1991 vorgelegter Bericht, in dem das ganze Ausmaß der unter der Militärregierung von Präsident Pinochet verübten Menschenrechtsverletzungen detailliert dokumentiert ist, hat sie nicht umstimmen können. In Honduras ist seit 1991 ebenfalls ein Gesetz in Kraft, das für eine bestimmte Kategorie politischer Straftaten weit gefaßte und vorbehaltlose Amnestievorschriften enthält. Auch Angehörige von Polizei und Militär, die sich des Mordes,.der Folter oder der rechtswidrigen Freiheitsberaubung schuldig machen, können sich auf diese Straffreiheitsvorschrift berufen.

In verschiedenen afrikanischen Staaten haben in den letzten Jahren die dortigen Regierungen in dem Bemühen, möglichst schnell politische Stabilität im Land herzustellen, ihren Vorgängern im Amt und ehemaligen Angehörigen der Sicherheitskräfte Schutz vor Strafverfolgung gewährt. Wie sich beispielsweise in Benin und dem Kongo gezeigt hat, führen derartige Maßnahmen letzten Endes dazu, daß eine genaue Analyse der Strukturen und Bedingungen, unter denen Menschenrechtsverletzungen begangen worden sind, unterbleibt und notwendige Reformen in weite Ferne rücken. Der ehemalige Präsident von Benin, Mathieu Kérékou beispielsweise erhielt 1991 für die gesamten 19 Jahre seiner Amtszeit, die von weitverbreiteten Menschenrechtsverletzungen geprägt waren, den Vorzug einer besonderen persönlichen Immunität vor strafrechtlicher Verfolgung.

In anderen Ländern wurden Bemühungen, Menschenrechtsverbrechen der Vergangenheit zu ahnden, eingestellt, weil Regierungen sich dem Druck der Gegner der Wahrheitsfindung gebeugt oder politischen Zweckmäßigkeitserwägungen den Vorzug gegeben haben. In Niger beispielsweise wurde Hauptmann Maliki Boureima, der unter der Anklage der Tötung von Häftlingen der Volksgruppe der Tuareg 1990 auf seinen Prozeß wartete, aus dem Gefängnis entlassen, nachdem im Februar 1992 eine Gruppe junger Offiziere einen Minister und den Präsidenten des Obersten Rates der Republik als Geiseln genommen hatte, um unter anderem die bedingungslose Freilassung ihres Kameraden zu erzwingen. Die Regierung kam der Forderung der Offiziere Ende März 1992 nach. Die Freilassung des Hauptmanns scheint das Ende aller Versuche der Behörden anzudeuten, die Armee für die 1990 verübten extralegalen Hinrichtungen von Hunderten von Tuareg zur Verantwortung zu ziehen.

In einer Reihe von Staaten bestehen kaum Aussichten, daß Menschenrechtsverletzungen jemals aufgeklärt, geschweige denn die Verantwortlichen zur Rechenschaft gezogen werden. Nach dem Machtwechsel in Afghanistan im April 1992 beispielsweise wurden an mehreren Orten Massengräber mit den sterblichen Überresten Tausender Menschen entdeckt, die unter vorangegangenen Regierungen extralegalen Hinrichtungen zum Opfer gefallen sein sollen. Offizielle Untersuchungen zur Aufklärung der Massentötungen haben bis heute nicht stattgefunden. Auch in Simbabwe stieß man 1992 auf Massengräber, von denen angenommen wird, daß sie die Leichen von Menschen bergen, die Mitte der 80er Jahre von der Armee vorsätzlich und willkürlich getötet worden sind. In diesem Zusammenhang erhobene Forderungen nach umfassenden und unabhängigen Untersuchungen stießen bei der Regierung nicht auf Gehör.

In Mauretanien traten 1992 neue Informationen über politische Morde aus den Vorjahren zutage. So veröffentlichte die Presse des Landes Fotografien von Leichen, die identifiziert werden konnten als die von Personen, welche 1990 von der

Nationalgarde extralegal hingerichtet worden sind. Vor Ort tätige Menschenrechtler machten überdies Informationen über die Schicksale von rund 200 Menschen publik, die die Sicherheitskräfte im Zuge der gewaltsamen Ausweisung schwarzer Mauretanier 1991 getötet hatten. Die Regierung unternahm dennoch keinerlei Anstrengungen, die extralegalen Hinrichtungen der Vorjahre aufzuklären oder Licht in das Schicksal Hunderter politischer Gefangener zu bringen, die in den Jahren 1990 und 1991 im Gewahrsam der Behörden dem „Verschwindenlassen“ zum Opfer gefallen waren. Stattdessen verabschiedete die Nationalversammlung im Mai 1993 ein Gesetz, das Angehörigen der Armee und der Sicherheitskräfte für sämtliche zwischen 1989 und 1992 begangenen Handlungen Schutz vor Strafverfolgung gewährt. In dem fraglichen Zeitraum haben massive Menschenrechtsverletzungen an schwarzen Mauretaniern stattgefunden.

Aus Nicaragua wird weiterhin über die Exhumierung von Leichen berichtet, die in Massengräbern verscharrt sind. Bei den Toten handelt es sich vermutlich um die Opfer der von Regierungskräften während des Bürgerkriegs in den 80er Jahren begangenen Menschenrechtsverbrechen. Von offizieller Seite sind dennoch bislang so gut wie keine Maßnahmen zur Aufklärung der in der Vergangenheit sowohl von Regierungstruppen als auch von oppositionellen Kräften der *contras* verübten Übergriffe eingeleitet worden.

Auch im Libanon besteht nach wie vor Ungewißheit über das Schicksal von rund 17 000 Menschen, die während des Bürgerkrieges in den Jahren 1975 bis 1990 als „vermißt“ registriert worden sind. Ermittlungen haben bislang nicht stattgefunden. Die seit der Vereinigung der Arabischen Republik Jemen mit der Demokratischen Volksrepublik Jemen 1990 amtierende Regierung hat ebenfalls kaum Bemühungen erkennen lassen, das Schicksal Hunderter „verschwundener“ Menschen aufzuklären. Bei den Opfern handelt es sich überwiegend um Personen, die in der Demokratischen Volksrepublik entweder in den

70er Jahren oder im Januar 1986 festgenommen worden waren und seitdem als vermißt gelten. Elf der „Verschwundenen" hingegen waren zwischen 1978 und 1985 in der Arabischen Republik Jemen verhaftet worden.

Nicht selten geben Regierungen zwar vor, Menschenrechtsverletzungen der Vergangenheit aufarbeiten zu wollen, belassen es aber bei Worten und zementieren somit die Muster der Straflosigkeit. Eine bevorzugte Methode besteht darin, Untersuchungen anzukündigen in dem sicheren Bewußtsein, dafür Sorge tragen zu können, daß sie zu keinen Ergebnissen führen. In einigen Fällen wird mit angekündigten Ermittlungen gar nicht erst begonnen, in anderen Fällen werden sie irgendwann unbemerkt eingestellt. Häufig dienen sie dem alleinigen Zweck, offizielle Stellen von jeder Schuld reinzuwaschen. „Entwicklungen" dieser Art stehen der Wahrheitsfindung nur im Wege.

Die amtierende ugandische Regierung beispielsweise hat wiederholt Ermittlungen zur Aufklärung von Berichten über extralegale Hinrichtungen zugesagt, bislang jedoch in nicht einem Fall Ergebnisse präsentiert. Ihren Truppen vermittelt sie damit das Gefühl, weiterhin straffrei töten zu können. In Venezuela treten Untersuchungen der Justiz zur Aufklärung von Menschenrechtsverletzungen der Vergangenheit seit Jahren auf der Stelle. So sind bei den Gerichten noch immer mehr als 200 Fälle von Personen anhängig, die 1989 von den Sicherheitskräften getötet oder schwer verletzt worden waren. Auch in Mexiko zeichnen sich kaum Fortschritte bei den Ermittlungen zur Aufklärung des Verbleibs Hunderter politischer Aktivisten ab, die in den 70er oder Anfang der 80er Jahre als „verschwunden" gemeldet worden waren.

Selbst wenn Untersuchungen stattfinden und rechtliche Verfahren eingeleitet werden, erweist sich die Arbeit der Justiz häufig als ineffizient oder als anfällig für die Einflußnahme von dritter Seite. Nicht selten üben Regierungsstellen und Sicherheitskräfte Druck auf die Justizbehörden aus, um ihnen genehme Entscheidungen herbeizuführen. In einigen Ländern mußten Staatsanwälte die Erfahrung machen, daß ihr beharrliches Eintreten für Gerechtigkeit nicht honoriert wurde. Sie sahen sich im Gegenteil gezwungen, ihr Heimatland zu verlassen, weil ihre Regierung nicht willens oder nicht in der Lage war, sie vor Übergriffen derjenigen zu schützen, gegen die sie unter dem Verdacht des Verstoßes gegen die Menschenrechte ermittelten. In der Regel waren dies Mitglieder der staatlichen Sicherheitskräfte.

Angehörige der Justiz in Peru sehen sich besonders häufig Einschüchterungsversuchen ausgesetzt. Dies hat auch Dr. Carlos Escobar erfahren müssen, ein mit der Untersuchung eines von der Armee im Mai 1988 an Bewohnern der Ortschaft Cayara im Departement Ayacucho verübten Massakers betrauter Sonderstaatsanwalt. Nachdem er im Oktober 1988 seiner vorgesetzten Behörde seinen Abschlußbericht vorgelegt hatte, wurde er wiederholt mit dem Tode bedroht. In dem Bericht hatte er namentlich einem Armeegeneral die politische Verantwortung für die Tötung eines der Opfer des Massakers sowie für Verbrechen gegen die persönliche Freiheit mehrerer anderer Personen, deren Leichen nicht aufgefunden werden konnten angelastet.

In einigen Ländern wird der Gang der Rechtsprechung dadurch aufgehalten oder untergraben, daß man Sondertribunale – in der Regel Militärgerichte – mit der Ahndung von Menschenrechtsverletzungen betraut. 1993 beispielsweise machte General Rodolfo Robles, in der Hierarchie der peruanischen Armee in dritthöchster Position, eine Sondereinheit des Militärs für die Entführung und Ermordung von mindestens neun Studenten und eines Dozenten der Universität La Cantuta im Juli 1992 verantwortlich. Er erklärte ferner, die Operation habe mit Kenntnis und mit Billigung des Oberkommandierenden der Armee stattgefunden, und lieferte sogar die Namen der an der Planung und Ausführung beteiligten Offiziere.

Bei der Öffnung von Massengräbern in Cayara, Peru, wo 1988 30 indianische Bauern von Regierungskräften ermordet wurden. Der mit der Untersuchung betraute Staatsanwalt erhielt Morddrohungen.

Trotz der Enthüllungen des Generals sind Zweifel berechtigt, ob die gesamte Wahrheit über das Geschehen auf dem Universitätsgelände jemals aufgedeckt und die Verantwortlichen ihrer Strafe zugeführt werden. Denn die Ermittlungen in dem Fall führt ein Militärgericht. Dessen Vorsitzender, General José Picón, soll gegenüber General Robles bereits geäußert haben: „Der Generalinspekteur der Armee ist zu der Einschätzung gelangt, daß weder die Armee noch einer ihrer Soldaten etwas mit der Sache zu tun haben ... Ich werde wohl das Verfahren so lange verschleppen, bis Gras über die Geschichte gewachsen ist.“

Daß die Untersuchungen des Militärgerichts unter seinem Vorsitzenden José Picón Fortschritte vermissen lassen, kann in Peru nicht verwundern. Trotz seit Jahren erschreckend hoher Zahlen „verschwundener“ oder extralegal hingerichteter Menschen haben Militärrichter nur äußerst selten strafrechtliche Schritte gegen mutmaßlich für Menschenrechtsverletzungen verantwortliche Angehörige der Streitkräfte eingeleitet. Zu Schuldsprüchen und Verurteilungen ist es nicht in einem einzigen Fall gekommen.

Kaum anders verhält es sich in Guatemala und Kolumbien. Auch dort sprechen Militärrichter ihre Kameraden in aller Regel von der Schuld an Menschenrechtsverletzungen frei. Lassen sich Verurteilungen nicht verhindern, weil die Beweislast zu erdrückend ist oder der Fall international Aufsehen erregt hat, werden Strafen verhängt, die meist in keinem Verhältnis zur Schwere der begangenen Verbrechen stehen.

Daß Ermittlungsverfahren gegen mutmaßliche Menschenrechtsverbrecher nicht mit der gebotenen Unparteilichkeit und Zielstrebigkeit geführt werden oder mit der Verhängung geradezu lächerlicher Strafen enden, ist ein weltweites Phänomen. Die von den israelischen Behörden eingeleiteten Untersuchungen zur Aufklärung von Menschenrechtsverletzungen, die die Sicherheitskräfte des Landes seit Beginn des Palästinenseraufstandes 1987 in den besetzten Gebieten begangen haben, ließen generell die erforderliche Sorgfalt vermissen. Nur selten führten Untersuchungen zur Einleitung von Strafverfolgungsmaßnahmen. In den wenigen Fällen, in denen gegen israelische Soldaten Schuldsprüche ergingen, wurden Strafen verhängt, die nicht einmal als symbolisch bezeichnet werden können.

In Nigeria gelangten Ende 1992 die bereits seit Januar 1991 vorliegenden Ergebnisse einer Untersuchung der Justiz zur Aufklärung eines von Polizeikräften verübten Massakers durch eine Indiskretion an die Presse. Bei dem Zwischenfall, der sich im Oktober 1990 in der Ortschaft Umuechem im Bundesstaat Rivers im Südosten Nigerias ereignet hatte, waren 80 Menschen von der Polizei extralegal hingerichtet worden. Die Dorfbewohner hatten eine höhere finanzielle Entschädigung für den Verlust von Land gefordert und gegen die von einer multinationalen Ölgesellschaft verursachten Umweltschäden protestiert. Die Mitglieder der richterlichen Untersuchungskommission votierten in ihrem Bericht für die strafrechtliche Verfolgung namentlich genannter Polizeibeamter, denen sie die Verantwortung für das Massaker anlasteten. Die nigerianische Regierung jedoch behielt den Bericht unter Verschluß und überstellte keinen der Polizisten der Justiz.

Der kolumbianische Generalstaatsanwalt Dr. Carlos Arrieta Padilla hat auf einen weiteren Umstand hingewiesen, der Menschenrechtsverbrecher in ihrem schändlichen Treiben bestärkt: „Die Täter ... verlassen sich auf den schützenden Mantel der Straffreiheit und spekulieren mit der Angst von Angehörigen und Augenzeugen, die es – wenn überhaupt – nur über Dritte wagen, „Verschwundenen"-Fälle anzuzeigen. Dies alles macht die Untersuchung der genannten menschenrechtsverletzenden Praktiken überaus schwierig."

Daß in Kolumbien die Familien „Verschwundener" oder die Augenzeugen derartiger Übergriffe aus Angst vor Repressalien und Racheakten lieber auf die Einschaltung der Behörden verzichten, hat seine berechtigten Gründe. Zahlreiche Menschen, die sich hilfesuchend an offizielle Stellen gewandt hatten, fielen anschließend ihrerseits Mordanschlägen oder dem „Verschwindenlassen" zum Opfer oder wurden willkürlich verhaftet. Selbst Angehörige der Justiz sahen sich derartigen Einschüchterungsversuchen und Anschlägen auf ihr Leben ausgesetzt. Eine ähnliche Situation ist auch in Sri Lanka, Peru und den Philippinen anzutreffen, wo Rechtsanwälte sowie Personen, die Menschenrechtsverletzungen zur Anzeige gebracht und sich als Zeugen zur Verfügung gestellt hatten, ihrerseits Zielscheibe von Übergriffen geworden sind.

Alle genannten Faktoren tragen zur Aufrechterhaltung eines Klimas der Straflosigkeit bei, das den staatlichen Stellen das Gefühl vermittelt, über dem Gesetz zu stehen. In einem solchen Klima scheint es aussichtslos, den ruchlosen Kreislauf von politischen Morden und „Verschwindenlassen" durchbrechen zu können.

APATHIE DER INTERNATIONALEN STAATENGEMEINSCHAFT

Daß im Irak unter der Regierung von Saddam Hussein die Menschenrechte schändlichst mit Füßen getreten werden, ist keine Erkenntnis, die sich erst seit der Invasion Kuwaits durch irakische Truppen im August 1990 herauskristallisiert hat. Wer bereit war, die Fakten zur Kenntnis zu nehmen, weiß bereits seit vielen Jahren, daß im Irak entsetzliche Greueltaten begangen worden sind. Doch die internationale Staatengemeinschaft hat dies lange Zeit weitgehend unberührt gelassen. Sie hat weggeschaut, als 1988 bei Giftgasangriffen auf die Stadt Halabja mehr als 5 000 kurdische Männer, Frauen und Kinder qualvoll starben. Von dem Schicksal der unzähligen im Irak ermordeten oder „verschwundenen" Menschen hat sie kaum Notiz genommen. Und sie war taub gegenüber den verzweifelten Hilferufen im Exil lebender Iraker, die von grausamsten Unterdrückungsmaßnahmen gegen vermeintliche Widersacher von Präsident Hussein Zeugnis ablegten.

Das Schweigen der internationalen Staatengemeinschaft gegenüber den Vorgängen im Irak war von politischen und strategischen Interessen diktiert, wie sie eine Vielzahl von Ländern in der ölreichen Golfregion besitzen. Dieselben Interessen scheinen auch für die militärische Intervention Anfang 1991 den Ausschlag gegeben zu haben, wenngleich in der Argumentation das Eingreifen zum Teil mit einem angeblichen menschenrechtlichen Schutzauftrag legitimiert worden ist. Die selben Regierungen, die die irakischen Truppen aus Kuwait vertrieben und dort die alten Machtstrukturen wiederhergestellt haben, ließen anschließend die kuwaitischen Behörden in ihrem menschenrechtsverletzenden Handeln unbehelligt gewähren. Mit der Wiederherstellung des Status Quo in der Region geriet zudem die nach wie vor katastrophale Menschenrechtssituation im Irak wieder weitgehend in Vergessenheit.

Als im Süden Sri Lankas 1989 Zehntausende junge Männer ermordet wurden oder dem „Verschwindenlassen" zum Opfer fielen, regte sich auf Seiten der internationalen Staatengemeinschaft ebenfalls kein Wort der Kritik. Die Verantwortlichen in den Außenministerien der Welt schienen zumeist der stillen Diplomatie den Vorzug gegeben zu haben. Initiativen innerhalb der Vereinten Nationen, Resolutionen zur Sri Lanka zu verabschieden, fanden nicht die erforderlichen Mehrheiten.

Erst als das Morden in Sri Lanka Ausmaße erreichte, vor denen niemand mehr die Augen verschließen konnte, fanden das Europäische Parlament, westlicher Geberländer von Entwicklungshilfe und andere Staaten deutliche Worte der Kritik an der Menschenrechtssituation in Sri Lanka. Die westlichen Geberländer drohten sogar mit dem Einfrieren von Entwicklungshilfegeldern. Dies vor allem scheint die Regierung in Colombo veranlaßt zu haben, eine Reihe von Maßnahmen für einen verbesserten Schutz der Menschenrechte zu ergreifen. Sie hat zugegeben, daß die staatlichen Sicherheitskräfte für schwere Menschenrechtsverletzungen Verantwortung tragen, und ihre Truppen zur Mäßigung angehalten. Das Beispiel Sri Lanka zeigt, daß Staaten sehr wohl auf ausländische Regierungen massiven Druck ausüben, der positive Veränderungen herbeiführen kann.

Regierungen scheuen sich bis heute nicht, an menschenrechtsverletztende Regime und deren Armeen militärische Ausrüstung und Know-how zu liefern. Die Waffenexporte europäischer und anderer Staaten in den Irak in den 80er Jahren, die zum Teil unter Verletzung internationaler oder nationaler Embargos erfolgt sind, stellen nur ein Beispiel unter vie-

Unzählige Menschen wurden vom kuwaitischen Militär und zivilen „Vigilantengruppen" extralegal in einer Welle der Rache hingerichtet, die dem Abzug der irakischen Truppen 1991 folgte. Das Bild zeigt die Leiche eines lokalen Fernsehmoderators, der der Zusammenarbeit mit den Irakis beschuldigt worden war.

len anderen dar. Nur allzu oft werden menschenrechtliche Belange den wirtschaftlichen und politischen Interessen geopfert.

Als beispielsweise in den 80er Jahren ausländische Regierungen den Sicherheitskräften des Tschad Ausrüstungs- und Ausbildungshilfe leisteten, konnte ihnen nicht verborgen gewesen sein, daß in dem afrikanischen Land zur damaligen Zeit systematisch wehrlose Personen niedergemetzelt wurden und Tausende Menschen spurlos „verschwanden". Mitglieder der Präsidentengarde, einer Eliteeinheit des tschadischen Präsidenten Hissein Habré, die wiederholt mit Menschenrechtsverletzungen in Verbindung gebracht worden war, wurden in Zaire und in den USA ausgebildet und von französischen Armeeoffizieren im Tschad selbst militärisch geschult. Die USA lieferten den Sicherheitskräften von Hissein Habré Transport-, Kommunikations- und andere Einrichtungen, während sich Frankreich, Ägypten, Irak und Zaire an der Finanzierung, Ausrüstung und Ausbildung der tschadischen Truppen beteiligten. Mehrere afrikanische Staaten arbeiteten mit dem Tschad auch im nachrichtendienstlichen Bereich zusammen.

Angesichts dieser engen Kooperation ist es ausgeschlossen, daß Regierungen nicht gewußt haben, mit welcher Art von diktatorischem Regime sie es im Tschad zu tun haben. Sie haben eine Regierung unterstützt, deren Sicherheitskräfte nicht weniger als 40 000 Menschen und damit fast ein Prozent der Bevölkerung des Landes niedergemetzelt haben.

Die internationale Staatengemeinschaft hat die Verteidigung der Menschenrechte auf ihre Fahnen geschrieben. Doch ist immer wieder zu beobachten, daß Regierungen politischen Opportunitätserwägungen den Vorrang vor menschenrechtlichem Engagement einräumen und in zynischer Weise Parteilichkeit zum Vorteil eigener Interessen an den Tag legen. Die Weltöffentlichkeit ist Zeuge dafür, wie Regierungen Menschenrechtsverletzungen in verbündeten Staaten mit Stillschweigen übergehen, während sie die Machthabenden in verfeindeten Ländern offen Menschenrechtsverbrechen bezichtigen, bisweilen gefolgt von Sanktionen. Eine solche Doppelzüngigkeit ist es, die dazu beiträgt, daß der Kreislauf des Terrors nicht durchbrochen wird.

Mit dem vorliegenden Bericht weist amnesty international nach, daß die Regierungen in der Welt nicht gewillt sind, den Schutz der Menschenrechte in ihrem eigenen und anderen Ländern als vordringliches und oberstes Ziel voranzubringen. Wenn Regierungen sich wissentlich ihrer Verpflichtungen zum Schutz der Menschenrechte entziehen und andere Staaten aus ihrer Verantwortung für die Achtung der Menschenrechte entlassen, wird aus scheinbarer Gleichgültigkeit Mittäterschaft. Das Schweigen der internationalen Gemeinschaft bestärkt menschenrechtsverletzende Regierungen nur in der Auffassung, daß sie ihre staatlich gedungenen Mörder agieren lassen können, ohne sich dafür verantworten zu müssen. Wenn jedoch Regierungen in ihrem menschenrechtlichen Handeln dem kritischen und prüfenden Blick der internationalen Gemeinschaft standhalten und mit Sanktionen rechnen müssen, werden zumindest einige von ihnen eine Verbesserung der Menschenrechtssituation herbeizuführen versuchen.

UNBEWÄLTIGTE VERGANGENHEIT

„Wir werden dem, was in der Vergangenheit geschehen ist, nicht nachgehen können. Denn dann müßten wir die gesamte Armee hinter Gitter bringen."

Die Aussage stammt von Vinicio Cerezo Arévalo, dem ehemaligen Präsidenten von Guatemala.

In vielen Staaten rund um den Erdball, in denen nach Jahren der Repression Machtwechsel stattfinden und neue Regierungen die Amtsgeschäfte führen, stellt sich die zentrale Frage, ob es ohne eine Auseinandersetzung mit der Vergangenheit gelingen kann, zukünftig Menschenrechtsverletzungen zu verhindern. Ein Blick in die jüngste Geschichte läßt die Frage mit Nein beantworten. Wenn schwere Menschenrechtsverletzungen nicht aufgeklärt und die Täter nicht zur Rechenschaft gezogen werden, wirkt das Klima der Straffreiheit, das in der Vergangenheit Verbrechen den Boden bereitet hat, unweigerlich fort. Das Leiden der Opfer von Menschenrechtsverletzungen und ihrer Familien, vor allem das der Angehörigen „verschwundener" Personen, läßt sich nur dadurch lindern, daß man die Verbrechen der Vergangenheit konsequent und lückenlos aufklärt.

Im Park Las Mercedes in der honduranischen Hauptstadt Tegucigalpa versammelt sich seit mehr als zehn Jahren jeden ersten Freitag im Monat eine Gruppe von Männern, Frauen und Kindern, um ihre Regierung zu mahnen, Aufklärung in das Schicksal „verschwundener" Menschen zu bringen. Es handelt sich um die Mütter, Verwandten und Freunde von mehr als 100 Personen, die nach vorliegenden Erkenntnissen zwischen 1979 und 1989 im Gewahrsam des honduranischen Staates „verschwunden" sind. Nach dem Amtsantritt der Regierung von Präsident Rafael Leonardo Callejas im Januar 1990 trafen aus Honduras zwar keine Meldungen über das „Verschwindenlassen" von Menschen mehr ein, doch hat auch seine Administration, dem Vorbild der Amtsvorgänger getreu, keine Bemühungen erkennen lassen, Licht in das Schicksal der in den 80er Jahren „Verschwundenen" zu bringen. Das Versprechen des Präsidenten, Ermittlungen zur Aufklärung des Verbleibs der „Verschwundenen" neu aufrollen zu lassen, muß den betroffenen Familien, die seit Jahren verzweifelt versuchen, die Behörden zum Handeln zu bewegen, wie Hohn klingen. „Überall stoßen wir auf eine Wand des Schweigens und der Gleichgültigkeit", so der Kommentar eines führenden Mitglieds der Vereinigung von Familien der in Honduras „verschwundenen" Personen.

Die Ergebnislosigkeit der in Honduras durchgeführten

Mitglieder der COFADEH, einer honduranischen Organisation von Angehörigen „Verschwundener" demonstrieren 1985 vor dem Obersten Gericht, um im Rahmen einer Kampagne das Schicksal ihrer Lieben aufzuklären. 1993 warten sie noch immer auf Nachricht, da auch die nachfolgenden Regierungen trotz gegenteiliger Versprechungen nichts zur Aufklärung der Fälle beitrugen..

Ermittlungen, die weder Aufschluß über den Verbleib der „Verschwundenen" brachten noch auf die Spur der Täter führten, veranlaßte betroffene Familien und örtliche Menschenrechtsorganisationen, sich nach Ausschöpfung aller innerstaatlichen Rechtsmittel an internationale Gremien zu wenden. Sie schalteten die Interamerikanische Menschenrechtskommission ein und unterbreiteten ihr die Fälle mehrerer in Honduras „verschwundener" Personen. Vier dieser Fälle wurden von der Kommission anschließend dem Interamerikanischen Gerichtshof für Menschenrechte zugeleitet, der 1988 und 1989 in wegweisenden Entscheidungen in zwei konkreten Fällen die honduranische Regierung für das „Verschwinden" der betreffenden Personen verantwortlich machte. Er wies der Regierung Verletzungen der Rechte auf Leben, persönliche Freiheit und menschenwürdige Behandlung nach und ordnete eine Entschädigung der Familien der Opfer an. Während die honduranischen Behörden inzwischen in gewissem Umfang der Aufforderung nach finanzieller Wiedergutmachung nachgekommen sind, haben sie eine andere, wesentliche Empfehlung des Gerichtshofs – Ermittlungen einzuleiten und die für die Praxis des „Verschwindenlassens" Verantwortlichen strafrechtlich zu belangen – bis heute nicht umgesetzt.

In Lateinamerika und jüngst auch in den Ländern Ost- und Mitteleuropas hat die Frage, ob unter Vorgängerregierungen für Menschenrechtsverletzungen verantwortliche Personen vor Gericht zur Rechenschaft gezogen werden sollen, einen breiten Raum in der öffentlichen Diskussion eingenommen. Auf dem afrikanischen Kontinent hingegen ist nur wenig Bereitschaft zu erkennen, die Vergangenheit aufzuarbeiten.

Nach dem Sturz des tschadischen Präsidenten Hissein Habré 1990 versprach die neue Regierung von Idriss Déby der Bevölkerung, die Jahre des Terrors seien nun vorüber. Inzwischen sind fast drei Jahre verstrichen, und noch immer werden aus dem Chari-Fluß in der Nähe der Hauptstadt N'Djamena die Leichen ermordeter Menschen gezogen. Unter der Regierung Déby sind erneut mehr als 800 Personen extralegal hingerichtet worden, zahlreiche andere dem „Verschwindenlassen" zum Opfer gefallen. Für deren Familien haben sich die Versprechungen des Präsidenten, für die Wahrung der Menschenrechte Sorge tragen zu wollen, als bitterer Zynismus herausgestellt.

Anfänglich ließen die Maßnahmen der neuen Regierung durchaus Hoffnung auf eine neue Ära aufkommen. Sie rief eine Untersuchungskommission zur Aufklärung der in den Vorjahren verübten Menschenrechtsverbrechen ins Leben und machte die von der Kommission recherchierten grausamen Fakten publik. Die Geheimpolizei wurde aufgelöst, politische Gefangene aus der Haft entlassen und die Bildung demokrati-

Tschadischer Soldat vor dem „Camp des Martyrs" in N'Djamena, einer häufig als Haftzentrum benutzten Militärkaserne.

scher Institutionen ermöglicht. Doch schon bald waren die neu gewonnen Freiheiten wieder gefährdet. Als Machtkämpfe innerhalb der Regierungskoalition zu offenen Auseinandersetzungen eskalierten und sich immer mehr Bürgerprotest gegen das wirtschaftliche Sparprogramm regte, trafen aus dem Tschad erneut Berichte über Tötungen, das „Verschwindenlassen" von Menschen und Massenverhaftungen ein. Eine neue Ära ist im Tschad nicht angebrochen; nur vorübergehend war der Terror aus dem Leben der Bevölkerung des Landes verschwunden. Die Regierung unter Präsident Idriss Déby hat, ungeachtet aller gegenteiligen Beteuerungen – zu exakt denselben Repressionsmethoden Zuflucht gesucht, deren sich auch schon Hissein Habré bedient hatte.

Die Folterer, Mörder und Entführer sind in den Reihen der Sicherheitskräfte des Präsidenten zu finden. Einer der Gründe, warum sie weiterhin ihr verbrecherisches Treiben fortsetzen, ist die Tatsache, daß keinerlei Maßnahmen ergriffen worden sind, um die in der Vergangenheit für Menschenrechtsverletzungen Verantwortlichen vor Gericht zur Rechenschaft zu ziehen. Zahlreiche Beamte der Habré-Administration, denen seinerzeit angelastet worden war, extralegale Hinrichtungen angeordnet zu haben, wurden nach dem Regierungswechsel erneut in hohe Positionen berufen. Selbst Präsident Déby, unter seinem Vorgänger in den 80er Jahren Befehlshabender Kommandeur der Armee, galt bis 1989 als eine der wesentlichen Stützen der Regierung Habré.

Die seit April 1993 im Tschad amtierende Übergangsregierung scheint das Problem der Straflosigkeit ernster zu nehmen, wenngleich die Sicherheitskräfte im Prinzip auch weiterhin nicht mit strafrechtlicher Verfolgung rechnen müssen. Eine der ersten Amtshandlungen der Übergangsregierung bestand darin, eine Untersuchungskommission mit der Aufklärung von Berichten über Hunderte Anfang 1993 im Süden des Tschad verübte extralegale Hinrichtungen zu beauftragen. Die Kommission unterbreitete nach Abschluß ihrer Recherchen die Empfehlung, die in Greueltaten verwickelten Militärbefehlshaber vor Gericht zu stellen, deren Truppen aus der Region abzuziehen und durch Einheiten der Gendarmerie zu ersetzen. Ob die Regierung die Empfehlungen umsetzen wird, bleibt abzuwarten. Die Befehlsgewalt über die Sicherheitskräfte hat jedenfalls weiterhin Präsident Déby.

Der Regierung im Tschad wäre zu raten, ihre Schlüsse aus der Entwicklung in anderen afrikanischen Staaten zu ziehen, in denen über die Menschenrechtsverbrechen der Vergangenheit der Mantel des Schweigens und des Vergessens ausgebreitet worden ist. Als 1980 in Simbabwe, dem damaligen Rhodesien, die amtierende weiße Minderheitsregierung nach Jahrzehnten politischer Repression und vielen Jahren Bürgerkrieg den Weg freimachte für Wahlen und für den Amtsantritt einer von der mehrheitlich schwarzen Bevölkerung des Landes demokratisch legitimierten Regierung, kamen überschwengliche Hoffnungen auf einen Neuanfang auf. Endlich – so die Erwartungen – würde der rhodesischen Armee, der Polizei und anderen Sicherheitsdiensten, die über Jahre hinweg für schwere Menschenrechtsverletzungen wie politische Morde und das „Verschwindenlassen“ verantwortlich gewesen waren, das schmutzige Handwerk gelegt. Die Unabhängigkeitsvereinbarung allerdings enthielt einen Passus, daß die Verbrechen der Vergangenheit nicht untersucht, die Täter auch nicht vor Gericht gestellt und im Sicherheitsapparat keine personellen Veränderungen vorgenommen werden dürfen. Dieser Handel, der als politischer Imperativ betrachtet wurde, um die Zustimmung der wirtschaftlich potenten weißen Minderheit zu den Vereinbarungen zu erhalten, erwies sich für das neue Simbabwe als schweres Vermächtnis.

Die neue Regierung ließ in den ersten zehn Jahren der Unabhängigkeit den rechtlichen Rahmen, einschließlich der Notstandsbestimmungen, die schweren Menschenrechtsverletzungen Vorschub geleistet hatten, unangetastet. Die Sicherheitskräfte verfügten weiterhin über unumschränkte Machtbefugnisse und wurden somit in dem Gefühl bestärkt, auch unter der neuen Administration straffrei agieren zu können. Angesichts der mit dem ersten Tag der Unabhängigkeit einsetzenden Spannungen und Konflikte erwies es sich als schweres Versäumnis, daß den Polizei- und anderen Strafverfolgungsbehörden nicht einmal Grundkenntnisse in der Handhabung kriminaltechnischer Untersuchungen vermittelt wurden.

In die neue Nationalarmee Simbabwes wurden unter anderem Angehörige der rhodesischen Streitkräfte sowie rivalisierender nationalistischer Guerillaverbände integriert, was in Matabeleland schon bald zum Ausbruch offener Konflikte zwischen den verfeindeten Verbänden führte. Als es dort Anfang 1981 zu Kampfhandlungen kam, wurden wiederholt Berichte über vorsätzliche Tötungen von Zivilisten und gefangengenommenen Personen bekannt. Viele Bürger des Landes reagierten enttäuscht darauf, daß die Regierung Soldaten der ehemaligen rhodesischen Armee in die Konfliktgebiete entsandte. Die Mitglieder eines der Guerillaverbände gingen erneut in den Untergrund und nahmen den bewaffneten Kampf gegen die Regierung auf. In den folgenden sechs Jahren machte sich die Nationalarmee im Zuge von Offensiven gegen die Guerillas, die man offiziell als „Dissidenten" bezeichnete, grober Menschenrechtsverletzungen schuldig.

1983 beauftragte die Regierung eine Kommission mit der Aufklärung von Berichten über Morde an Zivilisten durch Angehörige der in Matabeleland stationierten Armee-Einheiten, die Untersuchungsergebnisse allerdings wurden niemals publik gemacht. Mit der Amnestierung und Freilassung von 75 Mitgliedern der Sicherheitskräfte, die wegen Menschenrechtsverletzungen Gefängnisstrafen verbüßten oder auf die Eröffnung ihrer Gerichtsverfahren warteten, stellte die Regierung 1988 ein weiteres Mal unter Beweis, daß sie gegenüber Menschenrechtsverbrechern Gnade walten läßt.

Die Erfahrung hat gezeigt, daß neu ins Amt gewählte Regierungen, die den für Menschenrechtsverletzungen der Vergangenheit Verantwortlichen Straffreiheit gewähren oder im Namen der nationalen Versöhnung weitreichende Amnestien erlassen, oft – wenn auch unwissentlich – die Chancen für eine positive Entwicklung trüben. Mit derartigen Maßnahmen machen sie Bemühungen, die Wahrheit ans Tageslicht zu fördern, weitgehend zunichte und tragen dazu bei, daß sich das Klima der Straffreiheit verfestigt.

Politischen Morden und dem „Verschwindenlassen" kann nur dann Einhalt geboten werden, wenn zum einen derartige menschenrechtsverletzende Praktiken konsequent geächtet und zum anderen die Verbrechen der Vergangenheit lückenlos aufgeklärt und die Täter vor Gericht zur Verantwortung gezogen werden.

DEM TERROR EINHALT GEBIETEN

Es bedarf lediglich eines einzigen, aber festen Entschlusses, um politischen Morden und dem „Verschwindenlassen" Einhalt zu gebieten. Diesen Entschluß müssen Regierungen fassen. Wo der politische Wille zur Unterbindung derartiger menschenrechtsverletzender Praktiken vorhanden ist, lassen sich eine Vielzahl von Maßnahmen umsetzen, die sich in vergleichbaren Situationen als wirkungsvoll erwiesen haben.

Vorbeugende Maßnahmen zur Verhütung von „Verschwindenlassen" und politischen Morden müssen einhergehen mit der strikten Ahndung derartiger Verbrechen. Die konsequente Einleitung von Ermittlungen und eine entschiedene strafrechtliche Verfolgung der Täter enthalten ihrerseits vorbeugenden Charakter, da sie den staatlichen Funktionsträgern auf allen Ebenen unmißverständlich signalisieren, daß ihre Verbrechen aufgedeckt und geahndet werden.

amnesty international hat Empfehlungen zur Unterbindung von politischen Morden und „Verschwindenlassen“ ausgearbeitet, die in den beiden im Anhang abgedruckten 14-Punkte-Programmen zusammengefaßt sind. Einige Kernpunkte dieser Empfehlungen werden auf den folgenden Seiten näher erläutert.

VORBEUGENDE MASSNAHMEN

Regierungen müssen als erste und vordringliche Maßnahme ihre bedingungslose Ablehnung von politischen Morden und „Verschwindenlassen“ deutlich zum Ausdruck bringen. Sie müssen den Angehörigen der Sicherheitskräfte unmißverständlich klar machen, daß derartige menschenrechtsverletzende Praktiken unter keinen Umständen geduldet werden.

Der verbalen Verurteilung müßten mit der unverzüglichen Einleitung unabhängiger und unparteiischer Untersuchungen und der Strafverfolgung der Täter konkrete Maßnahmen folgen. Für das „Verschwindenlassen“ und extralegale Hinrichtungen verantwortliche Sondereinheiten oder paramilitärische Organisationen sind aufzulösen. Gesetzesvorschriften oder Notstandsbestimmungen, die verhindern, daß die Opfer und deren Familien ihre Rechte geltend machen können oder daß Menschenrechtsverbrecher vor Gericht gestellt werden, müssen außer Kraft gesetzt werden.

Regierungen sollten sicherstellen, daß politische Morde und das „Verschwindenlassen“ nach innerstaatlichem Recht als Straftat definiert und entsprechend geahndet werden. Sie sind aufgerufen zu gewährleisten, daß von einem solchen Gesetz nicht nur die unmittelbaren Täter erfaßt sind, sondern auch diejenigen, die das Verbrechen angeordnet, geplant oder sich an dessen späterer Vertuschung beteiligt haben.

Mit Befehlsgewalt ausgestattete Beamte, die politische

Morde oder das „Verschwindenlassen“ anordnen oder derartige Praktiken ihrer Untergebenen dulden, müssen dafür strafrechtlich zur Verantwortung gezogen werden. Unter keinen Umständen dürfen sie sich hinter dem Rechtfertigungsargument verschanzen können, daß sie von den Verbrechen nichts gewußt haben oder ihnen die Kontrolle über die Aktivitäten einzelner Untergebener entglitten ist.

Die Mitglieder der Sicherheitskräfte sollten darüber belehrt werden, daß sie das Recht und die Pflicht haben, sich jedweder Aufforderung zur Beteiligung am „Verschwindenlassen“ oder politischen Morden zu widersetzen. Das altbekannte Argument des Befehlsgehorsams darf unter keinen Umständen als Rechtfertigung akzeptiert werden. Da Soldaten, wenn sie Befehle verweigern, oftmals hohe Strafen drohen, ist es die Aufgabe der Behörden, deutlich zu machen, daß Angehörige der Sicherheitskräfte verpflichtet sind, sich der Beteiligung an Menschenrechtsverletzungen zu verweigern, und daß die Pflicht zu Befehlsgehorsam dahinter zurückzustehen hat. Bei der Aus- und Fortbildung von Polizei- und Militärangehörigen muß die unmißverständliche Botschaft vermittelt werden, daß Menschenrechtsverbrechen unter keinen Umständen geduldet werden. Die Trainings- und Schulungsmaßnahmen sollten Kenntnisse über internationale Normen und Standards zum Schutz der Menschenrechte vermitteln.

Regierungen sind aufgerufen sicherzustellen, daß ihre Polizisten und andere Beamte mit Polizeibefugnissen Gewalt nur dann anwenden, wenn dies unter den gegebenen Umständen unbedingt erforderlich ist. Offizielle Richtlinien über den Gebrauch von Schußwaffen sollten die Voraussetzungen festlegen, unter denen Beamte überhaupt ermächtigt sind, von ihrer Waffe Gebrauch zu machen. Polizisten sollten beispielsweise verpflichtet werden, nicht ohne vorherige Warnung zu schießen, so daß Zeit bleibt, ihre Warnung zu beachten. Es sollte ein Berichtssystem für den Fall, daß Beamte von ihrer Schußwaffe Gebrauch machen, etabliert werden.

Bestimmte Festnahme- und Inhaftierungsverfahren leisten dem „Verschwindenlassen“ und politischen Morden Vorschub und verschleiern die Verantwortlichkeiten. Es sollten daher spezifische Mechanismen zum Schutz von Gefangenen vor derartigen Verbrechen verankert werden.

Regierungen sind aufgerufen zu gewährleisten, daß Festnahmen und Inhaftierungen nur durch Beamte erfolgen, die per Gesetz dazu legitimiert sind. Die Beamten sollten Namens- oder Nummernschilder tragen, sich gegenüber festgenommenen Personen und gegebenenfalls anwesenden Dritten ausweisen und die Häftlinge unverzüglich über den Grund ihrer Festnahme unterrichten. Über den Vorgang sollten Aufzeichnungen angefertigt werden, in die sowohl der Gefangene selbst als auch sein Rechtsanwalt Einblick nehmen können. Die Angehörigen festgenommener Personen, Rechtsanwälte und Gerichte müssen unverzüglich über den Haftort und eine etwaige Verlegung unterrichtet werden. Alle Gefangenen sind umgehend über ihr Recht auf Benachrichtigung ihrer Angehörigen oder anderer Personen aufzuklären.

Werden gegenüber den Familien oder Freunden verhafteter Personen die entsprechenden Informationen zurückgehalten, so muß sichergestellt sein, daß die Gerichte eingeschaltet werden können, um den Aufenthaltsort von Gefangenen in Erfahrung zu bringen, deren persönliche Sicherheit zu gewährleisten und ihre Freilassung zu erwirken, falls die Festnahme rechtswidrig erfolgt ist. Diese Forderung stützt sich auf das international verbriefte Recht auf gerichtliche Haftprüfung. Es bedeutet, daß über die Gerichte die Behörden zur Vorführung von Gefangenen veranlaßt werden können und die Gerichte anschließend über die Rechtmäßigkeit der Haft entscheiden.

Ungesetzliche und willkürliche Inhaftierungen lassen sich dadurch verhindern, daß ausnahmslos alle Gefangenen – unabhängig davon, ob zu ihren Gunsten ein Haftprüfungsantrag gestellt worden ist oder nicht – nach ihrer Festnahme unverzüglich einem richterlichen Gremium vorgeführt werden.

Außerdem muß den Rechtsanwälten, Freunden und Familienangehörigen inhaftierter Personen umgehend und automatisch ein Besuchsrecht gewährt werden. Denn ist ein Gefangener von ihm nahen Menschen in der Haft erst einmal ausfindig gemacht worden, verringert sich die Gefahr, daß man ihn „verschwinden" läßt oder tötet, erheblich.

Regierungen müssen sicherstellen, daß Gefangene ausschließlich an öffentlich bekannten Orten festgehalten werden, in denen regelmäßig unabhängige, unangekündigte und von einschränkenden Bedingungen freie Inspektionen stattfinden.

Da die für das „Verschwindenlassen" von Menschen Verantwortlichen nicht selten zwecks Verschleierung des Verbrechens wider besseres Wissen behaupten, die betreffende Person sei freigelassen worden, ist es unerläßlich, daß Haftentlassungen nur im Beisein von Zeugen erfolgen.

All die genannten Maßnahmen werden letzten Endes nur dann Wirkung zeigen, wenn der politische Wille vorhanden ist, sie konsequent in die Praxis umzusetzen. Regierungen, die diesen Willen aufbringen, können innerhalb kürzester Zeit eine durchgreifende Verbesserung der Menschenrechtssituation in ihrem Land herbeiführen.

DIE STRAFLOSIGKEIT BEENDEN

Regierungen müssen die Muster der Straflosigkeit beenden, die den Sicherheitskräften das Gefühl geben, Menschen ermorden oder entführen zu können, ohne sich dafür verantworten zu müssen. Als erste und vordringliche Aufgabe muß sichergestellt werden, daß sämtliche Fakten über derartige Verbrechen aufgedeckt werden. Im zweiten Schritt gilt es, die staatlichen Folterer, Mörder und Kidnapper konsequent ihrer Strafe zuzuführen.

Wie im vorliegenden Bericht dokumentiert, setzen Regierungen und ihre Sicherheitskräfte oftmals alles daran, Menschenrechtsverbrechen zu vertuschen. Angesichts einer solchen Situation mag es aussichtslos erscheinen, der Wahrheit auf die Spur kommen zu können. Doch die Fakten müssen ungeachtet aller Schwierigkeiten und Widrigkeiten ans Tageslicht gebracht werden. Darauf haben die Opfer und ihre Familien einen unabdingbaren Anspruch.

Wann immer Beschwerden oder glaubwürdige Berichte über politische Morde oder das „Verschwindenlassen" bekanntwerden, müssen unverzüglich umfassende und unparteiische Ermittlungen eingeleitet werden. Deren Ziel muß es sein, den Sachverhalt aufzuklären und Beweismittel zu sichern, die die strafrechtliche Verfolgung der Täter ermöglichen. Mit den Untersuchungen dürfen ausschließlich unparteiische Gremien beauftragt werden, die gegenüber den Adressaten der Vorwürfe Unabhängigkeit besitzen. Sie müssen vor Einschüchterungsversuchen und Repressalien geschützt und mit den notwendigen Befugnissen und Ressourcen ausgestattet werden, Ermittlungen vor Ort durchzuführen, Zeugen zu vernehmen und Beweisdokumente einzusehen. Untersuchungen sollten zügig abgeschlossen und die Ergebnisse unverzüglich publik gemacht werden.

In Staaten, in denen sich ein langjähriges Muster schwerer Menschenrechtsverbrechen herausgebildet hat, wird man dem Problem mit der isolierten Verfolgung von Einzelfällen nicht beikommen können. Dort muß eine mit einem weitreichenden Mandat ausgestattete Untersuchungskommission eine genaue Analyse der Strukturen und Bedingungen, unter denen die Verbrechen begangen worden sind, vornehmen und Vorschläge für strukturelle und organisatorische Veränderungen ausarbeiten, um für die Zukunft außergesetzliche Tötungen und das „Verschwindenlassen" zu verhindern.

Es wäre weitgehend müßig, Ermittlungen einzuleiten, wenn anschließend aus den Ergebnissen keine Konsequenzen gezogen würden. Wenn die Wahrheit über Menschenrechtsverbrechen zutage gefördert worden ist, müssen die Täter vor Gericht zur Verantwortung gezogen werden.

Die Arbeitsgruppe der Vereinten Nationen für Fragen des gewaltsam verursachten oder unfreiwilligen Verschwindens hat folgende Feststellung getroffen: „Der womöglich ausschlaggebende Faktor für das Phänomen des Verschwindenlassens ist die Straflosigkeit. Die Erfahrungen der Arbeitsgruppe aus den letzten zehn Jahren bestätigen die uralte Weisheit, daß Straflosigkeit die Achtung vor dem Recht aushöhlt. Die für Menschenrechtsverletzungen Verantwortlichen, ob Zivilisten oder Angehörige des Militärs, werden immer unverfrorener auftreten, wenn sie nicht vor einem ordentlichen Gericht zur Rechenschaft gezogen werden."

Straflosigkeit bedeutet Freiheit vor Strafverfolgung. In einigen Ländern existieren Gesetze oder Rechtsverordnungen, die staatliche Funktionsträger ausdrücklich vor Strafverfolgungsmaßnahmen schützen. In anderen Ländern unterläßt man es stillschweigend, mutmaßlich für Menschenrechtsverletzungen Verantwortliche vor Gericht zu bringen. Oder aber es ergehen trotz einer erdrückenden Beweislast keine Schuldsprüche. Wo Prozesse wider Erwarten doch mit der Verurteilung der Angeklagten enden, fallen die Strafen lächerlich gering aus, oder es wird später von der Strafvollstreckung abgesehen.

Dort, wo das Problem der Straflosigkeit in der Existenz entsprechender Gesetze begründet liegt, müssen die Gesetze geändert werden. Dort, wo Mängel im Justizsystem die Ursache bilden, muß die Justiz gestärkt und ihre Unabhängigkeit gewährleistet werden.

Nur eine unabhängige Justiz kann effizient arbeiten und dem Machtmißbrauch von Regierungen entgegentreten. Rechtliche Verfahren müssen die Kriterien der Unverzüglichkeit, Unparteilichkeit und Fairneß erfüllen. Prozesse dürfen ausschließlich vor Gerichten der zivilen Justiz stattfinden. Damit die Richterschaft ihre Aufgaben ordnungsgemäß wahrnehmen kann, müssen dafür entsprechende Mittel bereitgestellt werden.

Politische Morde und „Verschwindenlassen“ stellen derart schwere Verbrechen dar, daß für sie keine Verjährungsfristen gelten dürfen. Die strafrechtliche Ahndung dieser menschenrechtsverletzenden Praktiken muß immer und jederzeit gewährleistet sein.

Nicht nur die Täter selbst, auch die Hintermänner, die das Verbrechen geplant, angeordnet oder dazu Beihilfe geleistet haben, müssen vor Gericht zur Rechenschaft gezogen werden.

Die Feststellung individueller Verantwortlichkeiten für politische Morde und das „Verschwindenlassen“ reicht nicht aus. Der Staat als solcher muß zur Verantwortung gezogen werden, wenn er derartige Verbrechen anordnet oder wissentlich duldet. Sein Handeln muß der Überprüfung durch einen internationalen Gerichtshof unterliegen, in dessen Kompetenz es fällt, über etwaige Verletzungen internationaler menschenrechtsrelevanter Schutzvorschriften zu entscheiden, und der gegebenenfalls dem Staat auferlegen kann, die Opfer von Menschenrechtsverletzungen oder deren Familien finanziell zu entschädigen.

Im Fall des seit 1981 „verschwundenen“ honduranischen Studenten Velásquez Rodrígues hat der Interamerikanische Gerichtshof für Menschenrechte genau diesen Weg beschritten. Er hat in einem 1988 ergangenen Urteil die honduranische Regierung für das unfreiwillige „Verschwinden“ des Studenten verantwortlich gemacht und sie der Verletzung mehrerer Artikel der Amerikanischen Menschenrechtskonvention für schuldig befunden. Der Gerichtshof legte der Regierung die Verpflichtung auf, die nächsten Angehörigen von Velásquez Rodrígues finanziell zu entschädigen. In all denjenigen Ländern, in denen systematisch Menschen extralegal hingerichtet werden oder „verschwinden“, ist auch das Problem der Straflosigkeit augenfällig. Eine konsequente Politik der strafrechtlichen Ahndung von Menschenrechtsverbrechen würde bei den

Tätern und potentiellen Tätern sehr schnell ein gründliches Umdenken bewirken und sie von ihrem schändlichen Treiben abhalten. Aus diesem Grunde ist es so überaus wichtig, die Straflosigkeit zu beenden.

Regierungen, die wortreich ihre Verpflichtungen zur Wahrung der Menschenrechte betonen, Menschenrechtsverbrechen aber ungeahndet lassen, müssen sich den Vorwurf der Heuchelei gefallen lassen. Worte allein genügen nicht, ihnen müssen Taten folgen.

INTERNATIONALE STANDARDS UND INSTITUTIONEN

In Artikel 2 der Erklärung der Vereinten Nationen zum Schutz aller Personen vor gewaltsam verursachtem Verschwinden heißt es unmißverständlich: „Kein Staat darf gewaltsam verursachtes Verschwinden praktizieren, erlauben oder dulden."

Ähnlich eindeutig ist der Wortlaut von Artikel 1 der Grundsätze der Vereinten Nationen für die effektive Verhütung und die Untersuchung außergesetzlicher, willkürlicher und summarischer Hinrichtungen. Darin heißt es: „Regierungen müssen alle extralegalen, willkürlichen und summarischen Hinrichtungen per Gesetz verbieten."

Jeder einzelne der im vorliegenden Bericht geschilderten Fälle von „Verschwindenlassen" und extralegalen Hinrichtungen stellt einen Verstoß gegen internationale Menschenrechtsstandards dar, zu deren Achtung sich alle Regierungen bekannt haben. Mit der Ausarbeitung vieler dieser Standards wurde in unmittelbarer Reaktion auf die Schrecken des Zweiten Weltkriegs begonnen. Der weltweite Abscheu angesichts der während dieses Krieges begangenen Greueltaten hatte die Bildung der Vereinten Nationen im Jahre 1945 veranlaßt. Damals hatten ihre Gründer gehofft, mit Hilfe dieser Organisation möge es gelingen, daß Regierungen zukünftig ihre Differenzen würden friedlich beilegen können, daß sie in gemeinsamen Anstrengungen würden sicherstellen können, daß es nie wieder zu derart entsetzlichen Menschenrechtsverbrechen kommt.

In der 1948 von den Vereinten Nationen verabschiedeten Allgemeinen Erklärung der Menschenrechte ist verankert: „Jeder Mensch hat das Recht auf Leben, Freiheit und Sicherheit der Person." Weiter heißt es, daß niemand der Folter unterworfen, willkürlich festgenommen oder in Haft gehalten werden darf. Diese Rechte haben überall Gültigkeit, nicht nur in jenen Ländern, deren Regierungen sich entschieden haben, ihren Bürgern diese Rechte zu gewähren. Im Gegenteil, ausnahmslos alle Staaten haben die Verpflichtung, die Rechte aller ihrer Gerichtsbarkeit unterstehenden Personen zu schützen, und jedwede Person, deren Menschenrechte verletzt worden sind, hat das Recht, gegen die dafür verantwortliche Regierung Klage zu führen. Die Tatsache, daß die Regierungen der Welt die Allgemeine Erklärung der Menschenrechte kollektiv verabschiedet haben, verpflichtet diese Regierungen ebenso kollektiv, entsprechende Verstöße gegen die Menschenrechte zu ahnden und dies nicht den Regierungen zu überlassen, in deren Ländern gegen die Menschenrechte verstoßen wird.

Seit 1948 sind die internationalen Standards zum Schutz der Menschenrechte durch Verabschiedung von mehr als 50 weiteren Instrumenten durch die Vereinten Nationen weiter verbessert worden. 1966 verabschiedete die Weltorganisation den Internationalen Pakt über bürgerliche und politische Rechte, in dem noch einmal unmißverständlich festgehalten wurde, daß „niemand willkürlich seines Lebens beraubt werden" darf, eine Definition also, mit der die im vorliegenden Bericht geschilderten politischen Morde zutreffend charakterisiert sind.

Nachdem sich in den 70er Jahren Regierungen wie die in Argentinien, dem damaligen Kamputschea, in Chile und Uganda in immer größer werdendem Ausmaß des „Verschwindenlassens" und politischer Morde bedienten, griffen auch die

Vereinten Nationen Ende der 70er und Anfang der 80er Jahre diese Frage auf.

Die Debatten der Weltorganisation endeten schließlich mit der Verabschiedung zweier grundlegender Instrumente: der Deklaration zum Schutz aller Personen vor gewaltsam verursachtem Verschwinden und den Grundsätzen zur wirksamen Verhütung und Untersuchung extralegaler, willkürlicher und summarischer Hinrichtungen, die 1992 beziehungsweise 1989 in Kraft getreten sind. Beide Instrumente enthalten ein ausdrückliches Verbot des „Verschwindenlassens" und extralegaler Hinrichtungen und sehen detaillierte Maßnahmen zur Verhütung und Untersuchung derartiger Praktiken vor.

Als Ergänzung der Arbeit der Vereinten Nationen und ihrer Standards haben die Regierungen verschiedener Regionen eigene Organisationen ins Leben gerufen, die sich unter anderem ebenfalls mit Menschenrechtsfragen befassen. Drei dieser auf regionaler Ebene existierenden zwischenstaatlichen Gremien haben ihrerseits Menschenrechtsabkommen verabschiedet, die für die Vertragsstaaten der Region rechtlich bindend sind. Es handelt sich um die Afrikanische Charta der Menschenrechte und Rechte der Völker aus dem Jahre 1981, die Amerikanische Menschenrechtskonvention von 1969 sowie die 1950 unterzeichnete Europäische Konvention zum Schutze der Menschenrechte und Grundfreiheiten.

Alle drei Abkommen erkennen das Recht auf Leben an und insbesondere das Recht eines jeden Menschen, nicht willkürlich seinen Lebens beraubt zu werden. Sie enthalten sowohl das Recht auf Freiheit und Sicherheit der Person als auch ein unmißverständliches Verbot von „Verschwindenlassen" und extralegalen Hinrichtungen. Alle diese Abkommen sehen außerdem die Schaffung von Institutionen zur Überwachung der Einhaltung ihrer Bestimmungen vor.

Aber selbst ohne die Existenz internationaler und regionaler Menschenrechtsstandards blieben „Verschwindenlassen" und politische Morde gesetzeswidrige Handlungen, denn die innerstaatlichen Rechtsvorschriften ausnahmslos aller Staaten stellen Mord, Kidnapping und Entführung unter Strafe.

Wer immer innerstaatliche Gesetze verletzt, muß sich vor dem Gesetz verantworten. Doch genauso sollten jene, die gegen das Völkerrecht verstoßen haben, von der internationalen Völkergemeinschaft zur Rechenschaft gezogen werden. So machen sich Regierungen, die es kollektiv versäumen, gegen schwere Menschenrechtsverletzungen vorzugehen, des Verstoßes gegen eben jene Gesetze schuldig, zu deren Aufrechterhaltung sie verpflichtet sind.

Will man „Verschwindenlassen" und politische Morde endgültig Vergangenheit werden lassen, ist es unabdingbar, diese Rechenschaftspflicht auch Wirklichkeit werden zu lassen.

Boutros-Boutros Ghali, Generalsekretär der Vereinten Nationen, beschrieb das Dilemma, in dem sich seine Organisation angesichts der 1992 eskalierenden Menschenrechtslage befindet, mit folgenden Worten: „... es ist den Vereinten Nationen nicht gelungen, den schweren Menschenrechtsverletzungen ein Ende zu setzen. Solange uns die Nachrichten täglich mit dieser Barbarei konfrontieren, können die Vereinten Nationen dem nicht untätig oder gleichgültig zusehen. Die seit langem bestehende Glaubwürdigkeit unserer gesamten Organisation wird davon abhängen, wie wir uns dieser Herausforderung stellen."

Tatsächlich haben die Vereinten Nationen seit Anbeginn ihrer Tätigkeit den Handlungsbedarf erkannt. Schon in der Präambel der Allgemeinen Erklärung der Menschenrechte wird die Notwendigkeit betont, „durch Unterricht und Erziehung die Achtung dieser Rechte" zu fördern und „durch fortschreitende Maßnahmen im nationalen und internationalen Bereich ihre allgemeine und tatsächliche Anerkennung und Verwirklichung ... zu gewährleisten".

Die etwa 30 Jahre darauf verabschiedeten ersten wesentlichen Resolutionen gegen „Verschwindenlassen" und politische Morde enthielten Maßnahmen zur Beendigung dieser menschenrechtsverletzenden Praktiken. So findet sich in der Resolution zur Frage „verschwundener Personen" die an Regierungen gerichtete Forderung, daß Staaten für die Suche nach „Verschwundenen" „geeignete und ausreichende Mittel" bereitstellen sowie „unverzügliche und unparteiische Untersuchungen durchführen" und sicherstellen, daß alle Vollzugs- und Sicherheitsorgane für von ihnen begangene Handlungen „umfassend zur Rechenschaft" gezogen werden. Eine weitere Resolution zur Frage extralegaler Hinrichtungen ruft alle Regierungen auf, „wirksame Maßnahmen zur Verhütung derartiger Handlungen zu ergreifen".

Den Vereinten Nationen stehen unterschiedliche Möglichkeiten zur Verfügung, um die Umsetzung von Menschenrechtsschutzinstrumenten sicherzustellen. So können sie die Behörden eines Landes auffordern, Vorwürfe oder Berichte über das „Verschwindenlassen" und politische Morde von unparteiischer Seite untersuchen zu lassen, die mutmaßlich dafür Verantwortlichen vor Gericht zur Rechenschaft zu ziehen und besondere Schutzgarantien zu verankern, um derartige Übergriffe zukünftig zu verhüten. Nach Auffassung von amnesty international sind dies grundlegende Maßnahmen, die jeder Regierung abverlangt werden müssen, um derartige Praktiken bekämpfen zu können.

Darüber hinaus haben die Vereinten Nationen dazu aufgerufen, die in Menschenrechtsschutzinstrumenten enthaltenen Bestimmungen auch in der innerstaatlichen Gesetzgebung zu verankern. Sie haben Institution und Verfahren zur Überwachung der Erfüllung dieser Standards eingerichtet und Empfehlungen unterbreitet, mit denen gegen Verstöße vorzugehen ist. Darüber hinaus stellen die Vereinten Nationen über ihre Informationsbüros und technischen Hilfsprogramme den Regierungen Mittel zur Umsetzung ihrer Empfehlungen zur Verfügung.

Als eine weitere Möglichkeit zur Bekämpfung von Menschenrechtsverbrechen haben die Vereinten Nationen Übergriffe in einzelnen Ländern angeprangert und die betroffenen Regierungen aufgefordert, Abhilfe zu schaffen. Weitere Mechanismen der Weltorganisation, beispielsweise ihre Arbeitsgruppe für Fragen des gewaltsam verursachten oder unfreiwilligen Verschwindens oder der Sonderberichterstatter über summarische und willkürliche Hinrichtungen, befassen sich mit einzelnen Formen von Menschenrechtsverbrechen und haben ihrerseits spezielle Untersuchungen und Beobachtermissionen durch Experten (die häufig als Sonderberichterstatter bezeichnet werden) in einzelnen Staaten initiiert.

Im Rahmen friedenserhaltender Operationen, beispielsweise in Kambodscha, El Salvador oder im ehemaligen Jugoslawien, haben die Vereinten Nationen kürzlich besondere Mechanismen im menschenrechtsrelevanten Bereich ausgearbeitet. Obwohl sich das Konzept der Vor-Ort-Beobachtung noch im Entwicklungsstadium befindet, gibt es bereits erste Versuche, beispielsweise in Haiti.

Dennoch waren all diese Operationen der Vereinten Nationen von Kontroversen begleitet. Unterschiedliche Gruppen kritisierten ihren Einsatz im ehemaligen Jugoslawien als zu gering oder zu massiv. In Somalia waren die Vereinten Nationen zunächst von zahlreichen Seiten zur Intervention aufgefordert worden. Später jedoch beschuldigte man die UN-Truppen, in diesem inneren Konflikt Partei ergriffen zu haben und selbst für Übergriffe Verantwortung zu tragen.

Die Reaktionen der Vereinten Nationen auf menschenrechtsrelevante Krisen sind von vielen Seiten als widersprüchlich und selektiv kritisiert worden. So gibt es selbst vier Jahre nach den schrecklichen Ereignissen in Peking, als 1989 die Demokratiebewegung blutig niedergeschlagen wurde, noch immer keinerlei ernsthafte Reaktion der Weltorganisation. Auch hat sie vier Jahre lang untätig zugesehen, wie die irakische Regierung Tausende ihrer eigenen Bürger ermorden ließ. Erst die Invasion Kuwaits durch irakische Truppen löste bei den Vereinten Nationen hektische Aktivitäten aus. Und auch andere Regierungen haben schwerste Menschenrechtsverletzungen begehen können, ohne daß sie auch nur mit einem Wort verurteilt worden sind.

Der wahre Grund dafür ist, daß die Politik der Vereinten Nationen von ihren Mitgliedsstaaten bestimmt wird. Solange diese sich von begrenzten politischen und wirtschaftlichen Interessen leiten lassen, werden diese auch weiterhin Grundlage der Entscheidungen der Vereinten Nationen sein. Die besten Menschenrechtsstandards verkommen zur Bedeutungslosigkeit, solange die Regierungen sie einfach ignorieren, und solange die Regierungen jegliche Kooperation verweigern, wird auch jeder noch so gute Apparat des Menschenrechtsschutzes völlig wirkungslos bleiben.

Einige dieser Probleme sind im Verlauf der Weltmenschenrechtskonferenz in Wien im Juni 1992 zur Sprache gekommen. Eines der Ziele dieser Konferenz war es, die Mechanismen und Verfahren der Menschenrechtsarbeit der Vereinten Nationen einer Überprüfung zu unterziehen und konkrete Empfehlungen zur Verbesserung und Effektivierung dieser Arbeit zu entwickeln.

So hat amnesty international die Konferenz als Forum genutzt, um die Regierungen zur Unterstützung ihrer Forderung nach einem Hochkommissar für Menschenrechte aufzufordern. Der Kommissar sollte ein weitreichendes Mandat und umfassende Befugnisse erhalten, um in menschenrechtsrelevanten Krisen tätig werden zu können. Doch die Teilnehmerstaaten der Konferenz haben amnesty international und andere nichtstaatliche Organisation von den Verhandlungen über ein Schlußdokument ausgeschlossen und es stattdessen vorgezogen, sich hinter verschlossenen Türen zu einigen. Das Wiener Schlußdokument enthielt denn auch weder einhellige und deutliche Zustimmung für die vorgeschlagene Schaffung eines Hochkommissars für Menschenrechte der Vereinten Nationen, noch hatten sich die offiziellen Regierungsdelegationen auf einen strukturellen Rahmen und das Mandat einer solchen

Position einigen können. Stattdessen unterbreitete die Konferenz der Generalversammlung der Vereinten Nationen lediglich eine Empfehlung, sich bei ihrer Sitzung 1993 mit besonderer Priorität erneut mit dieser Frage zu befassen.

Sowohl amnesty international als auch andere Organisationen haben die Vereinten Nationen aufgefordert, ihr Menschenrechtsprogramm, beispielsweise ihre Arbeitsgruppe für Fragen des gewaltsam verursachten und unfreiwilligen Verschwindens und den Sonderberichterstatter über summarische und willkürliche Hinrichtungen mit weiteren erheblichen Mitteln auszustatten. Dabei betonte amnesty international, insbesondere die Arbeitsgruppe sei wegen der finanziellen Mängel 1992 mit der Bearbeitung von rund 8 000 Fällen in Rückstand geraten. Im Bericht der Arbeitsgruppe hieß es wörtlich: „... die Mitarbeiter haben einen Punkt erreicht, an dem sie der Arbeitsbelastung nicht mehr gewachsen sind ... Solange die Arbeitsgruppe nicht weiteres Personal erhält, wird die Zahl der Fälle, die nicht mehr analysiert, aufbereitet und weitergeleitet werden können, ständig zunehmen". Ähnliche Beschwerden soll auch der Sonderberichterstatter über summarische und willkürliche Hinrichtungen geäußert haben. Die Weltkonferenz dagegen ist zwar zu dem Schluß gekommen, aus dem praktisch bereits ausgeschöpften Budget der Vereinten Nationen müßten weitere Gelder bereitgestellt werden, sie hat jedoch keine Zahlen für eine solche Aufstockung der Mittel beschlossen.

Die Konferenz war auch nicht in der Lage, einen eigenen wesentlichen Beitrag zu leisten, um die Welt von Menschenrechtsverletzungen zu befreien. Der Generalsekretär von amnesty international nannte die zweiwöchigen Debatten einen „Gipfel der verpaßten Gelegenheiten". Er erklärte weiter: „Den Opfern wurde keine Atempause gewährt, stattdessen haben die Regierungen ihre offiziellen Erklärungen fein aufeinander abgestimmt und die seit 50 Jahren gültigen Kernwerte der Universalität, der Unteilbarkeit und der gegenseitigen Abhängigkeit der Menschenrechte nochmals bestätigt." Das

Wiener Schlußdokument nahm dagegen in keiner Weise Bezug auf ein entschlosseneres Vorgehen gegen extralegale Hinrichtungen, und auch der Hinweis auf das „Verschwindenlassen" enthielt enttäuschenderweise nichts Neues, insbesondere keine verbindlichen Vorschläge, wie diese menschenrechtsverletzende Praktik zu beenden sei.

Wie schon in der Vergangenheit wird die Weiterentwicklung des Engagements der Vereinten Nationen in Menschenrechtsfragen von den nichtstaatlichen Organisationen – also von Mitgliedschaftsorganisationen, Menschenrechtsgruppen, Berufsverbänden und anderen nicht-offiziellen Vereinigungen – abhängen. Sie waren es, die ihre Anliegen deutlich zum Ausdruck gebracht und zum Handeln aufgerufen haben. Sie waren es, die den Vereinten Nationen Einzelheiten über Tausende entsetzliche Menschenrechtsverbrechen zur Kenntnis gebracht und Handlungsvorschläge unterbreitet haben, die von der Weltorganisation später verabschiedet wurden.

Die Fortschreibung internationaler Menschenrechtsstandards und anderer von den Vereinten Nationen entwickelter Maßnahmen ist nicht zuletzt auch deswegen ein Fortschritt, weil sie denjenigen, die sich für ein Ende der schweren Menschenrechtsverletzungen einsetzen, Hilfestellung leisten.

Und dennoch hängt die Durchsetzungskraft dieser Maßnahmen davon ab, inwieweit die Regierungen rund um den Erdball ihnen Folge leisten. Keinesfalls können sie den Einsatz von Regierungen ersetzen. Noch immer liegt es in der Verantwortung einer jeden einzelnen Regierung, für den Schutz der Menschenrechte zu sorgen. Der entsetzliche Schrecken politischer Morde und des „Verschwindenlassens" wird erst enden, wenn alle Regierungen, für sich und als Kollektiv, den dazu nötigen politischen Willen aufbringen. Und es ist unsere Aufgabe, ihnen genau das abzuverlangen.

KAMPAGNE GEGEN „VERSCHWINDENLASSEN“ UND POLITISCHEN MORD

WER MITMACHT, HILFT GEGEN OHNMACHT

Die Opfer von Menschenrechtsverletzungen werden uns oft als Statistiken präsentiert, haben weder einen Namen noch ein Gesicht. Die Opfer von Massakern zählt man nach Hunderten oder Tausenden, und die abstumpfende Wirkung der aus der Distanz verfaßten Berichte läßt uns das Leid und die Verzweiflung des Einzelnen nicht mehr nachempfinden.

Der vorliegende Bericht will uns wieder erkennen lassen, daß sich hinter den Lügen der Regierungen Schicksale von Menschen verbergen. Vielleicht gelingt es uns, den Schmerz nachzuempfinden, den gewöhnliche Menschen oder ganze Gemeinschaften spüren, wenn sie vom Terror ihrer Regierung erfaßt werden. Das Ziel dieser Kampagne von amnesty international ist einfach: wir wollen, daß Sie handeln, um dem „Verschwindenlassen" von Menschen und politischen Morden ein Ende zu setzen.

Es sind die Staatsorgane, die hinter diesen Verbrechen stehen. Sie sind es, die die Entscheidungen treffen. Und sie sind es, die man zur Umkehr zwingen muß. Auf sie müssen wir unseren Druck konzentrieren, bis sie sich auf ein Handeln besinnen, das den Anforderungen des Anstands und der Menschlichkeit genügt.

Was also fordern wir von den Regierungen?

- ☐ Wir forden die Ächtung von „Verschwindenlassen" und extralegalen Hinrichtungen durch die Regierungen.
- ☐ Wir fordern von ihnen, daß sie unmißverständlich deutlich machen, daß derartige Verbrechen keinesfalls und unter keinen Umständen toleriert werden.
- ☐ Wir bestehen darauf, daß Regierungen für die Opfer einstehen und alle Fälle von „Verschwindenlassen" und extralegalen Hinrichtungen unverzüglich, umfassend und unparteiisch untersuchen.
- ☐ Wir fordern, daß die Täter und diejenigen, die die Tat angeordnet haben, vor Gericht zur Rechenschaft gezogen werden.
- ☐ Wir fordern, daß allen Opfern, ihren Hinterbliebenen und Familien eine Entschädigung zuerkannt wird.

Unsere Forderungen richten sich aber nicht nur an Regierugen. Auch bewaffnete politische Gruppen rufen wir dazu auf, ihrer Verpflichtung zur Wahrung grundlegender Menschenrechte nachzukommen. Wir verlangen von ihnen die Beachtung internationaler humanitärer Standards, insbesondere daß sie

- ☐ Folterungen sowie vorsätzliche und willkürliche Tötungen von Zivilisten und Gefangenen beenden;
- ☐ alle Personen, die sie als Geiseln festhalten, unverzüglich und bedingungslos freilassen und von weiteren Geiselnahmen Abstand nehmen;

- ☐ sicherstellen, daß allen Mitgliedern ihrer Organisation bewußt ist, daß Geiselnahmen oder vorsätzliche und willkürliche Tötungen nicht toleriert werden und daß all jene, die derartige Verbrechen begehen, dafür zur Rechenschaft gezogen werden.

Regierungen jedoch haben Verpflichtungen, die noch darüber hinaus gehen. Als Teil der internationalen Völkergemeinschaft wie als Einzelstaaten müssen sie, wo immer ihnen dies möglich ist, ernsthafte Anstrengungen unternehmen, um das „Verschwindenlassen" und politische Morde – wo immer sie begangen werden – zu verhindern. Jeder einzelne Staat muß die Vereinten Nationen und andere zwischenstaatliche Organisationen gleichermaßen nutzen und unterstützen, um das Blutvergießen zu beenden. Und wo immer die innerstaatliche Justiz versagt, müssen sie auf internationaler Ebene Möglichkeiten finden, um die für Verbrechen Verantwortlichen vor Gericht zu bringen.

Keine Regierung darf jemals einen Menschen zwangsweise in ein Land zurückschicken, wenn er dort in Gefahr ist, Opfer des „Verschwindenlassens" oder einer extralegalen Hinrichtung zu werden.

Dieser Verantwortung müssen Regierungen auch dann gerecht werden, wenn sie anderen Staaten Waffen, Ausrüstung, Know-how liefern beziehungsweise Ausbildungshilfe leisten und diese Unterstützung möglicherweise dem „Verschwindenlassen" oder politischen Morden Vorschub leistet. Ihre Gesetzesvorschriften sollten Rüstungsexporte und ähnliche Lieferungen unter Strafe stellen, sofern nicht glaubhaft gemacht werden kann, daß diese keinesfalls eingesetzt werden, um Menschenrechtsverletzungenzu begehen. Alle derartigen Exporte sollten öffentlich bekanntgemacht und gleichzeitig Berichte über die Menschenrechtssituation im Empfängerland veröffentlicht werden. Die entsprechenden Gesetzesvorschriften und ihre Anwendung sollten ständig einer umfassenden parlamentarischen Kontrolle unterliegen.

Es ist traurig, aber die Geschichte hat uns gelehrt, daß wir uns nicht allein auf Regierungen und internationale Institutionen verlassen können, wenn es darum geht, Übergriffen Einhalt zu gebieten.

Begeht jemand ein gewöhnliches Verbrechen, muß er sich vor dem Gesetz verantworten. Doch wer zieht Regierungen zur Rechenschaft, wenn sie selbst Verbrechen begehen oder es versäumen, Menschenrechtsverbrechen Einhalt zu gebieten? amnesty international wurde vor mehr als 30 Jahren ins Leben gerufen, um das Wort zu ergreifen, wenn Regierungen sich weigern, fundamentale Menschenrechtsstandards zu achten. Der vorliegende Bericht liefert den Beweis, daß das Ausmaß, in dem Regierungen und bewaffnete politische Gruppen zum Mittel des „Verschwindenlassens" von Menschen und politischer Morde greifen, nicht nachgelassen hat und daß diese Praktiken vielleicht die größte Bedrohung der Menschenrechte in unserer Welt darstellen.

Wenn so viele Regierungen die Menschenrechte ihrer eigenen Bürger mit Füßen treten und auch die Übergriffe ausländischer Regierungen einfach nicht zur Kenntnis nehmen, ist es an uns zu handeln. Wenn die Weltöffentlichkeit gemeinsam Druck ausübt, können sich selbst die unnachgiebigsten Regierungen dem nicht verschließen.

1991 erklärte der Leiter der Menschenrechtsabteilung der Beobachtermission der Vereinten Nationen in El Salvador:

„... im vergangenen Jahrzehnt haben nichtstaatliche Menschenrechtsorganisationen eine zentrale Rolle gespielt, um die Menschenrechte der wehrlosesten Bevölkerungsschichten zu schützen und zu fördern, und das unter oft tragischen Umständen ... Menschenrechtsorganisationen gehören zu den wenigen Einrichtungen, die Menschenrechtsverletzungen untersuchen und die Opfer schützen."

Wie in vielen anderen Ländern der Welt auch wären die Barbareien der Repression in El Savador ohne die mutigen Aktionen von Einzelpersonen und Gruppen niemals publik gemacht worden. Es waren die Witwen, die Ehemänner, Eltern und Großeltern der „Verschwundenen", die Polizeistationen, Kasernen und Regierungsstellen aufsuchten, um herauszufinden, was ihren vermißten Angehörigen geschehen war. Und es waren Aktivisten von Gemeinschaften, Journalisten und Menschenrechtler, die unermüdlich bei den Behörden Informationen eingefordert haben. Es waren die Anwälte, die für die Rechte ihrer Mandanten gekämpft haben. Sie alle wußten um die Risiken, und einige von ihnen haben einen hohen Preis für ihr Engagement bezahlt. Aber ohne sie hätten die im vorliegenden Bericht veröffentlichten Informationen niemals zusammengetragen werden können. Ohne sie wären zahllose Menschenrechtsverbrechen unentdeckt geblieben. Boutros-Boutros Ghali sprach ihnen im vergangenen Jahr seine Hochachtung aus: „Bei unseren Bemühungen, eine Menschenrechtskultur zu schaffen, dürfen wir die Bedeutung von Menschenrechtlern und nichtstaatlichen Organisationen nicht vergessen, und auch nicht den Mut, mit dem viele von ihnen ihr Leben und ihre Sicherheit für die Rechte anderer Menschen riskiert haben."

Wie also können wir tatsächlich eine Menschenrechtskultur schaffen? Wir müssen bei Staatsorganen und in der Öffentlichkeit ein Bewußtsein für die Menschenrechte wie auch für die Menschenrechtsverbrechen von Regierungen schaffen. Wir müssen internationale und regionale Einrichtungen entwickeln und unterstützen, die solche Verstöße von Grund auf bekämpfen. Es bedarf unseres kompromißlosen Einsatzes, damit einzelne Regierungen die Wahrung der Menschenrechte auch zum Kriterium ihrer Außen- und Wirtschaftspolitik machen. Sollen Regierungen im eigenen wie im Ausland gegen das „Verschwindenlassen" und politische Morde vorgehen, muß zunächst der politische Wille vorhanden sein, und den müssen wir einfordern.

Um all dies erreichen zu können, müssen sich alle, die zur Verteidigung der Menschenrechte angetreten sind, enger zusammenschließen. Häufig gelingt es nur deshalb nicht, entsetzlichen Verstößen gegen die Menschenrechte Einhalt zu gebieten, weil Regierungen ihre Seilschaften zusammenhalten und fürchten, ihre Beziehungen zu anderen Ländern zu beschädigen, wenn sie gegen Übergriffe tätig werden. Mit ähnlicher Entschlossenheit müssen auch wir mit vereinten Kräften vorgehen. Mag sein, daß sie die schwere Artillerie haben, die meisten Menschen kämpfen auf unserer Seite.

Bei dieser Kampagne wollen wir unsere Helfer im Einsatz für die Menschenrechte mit einer unserer wenigen Waffen ausstatten: mit Tatsachen. Die Kampagne soll den Menschen – wo immer sie leben und arbeiten – das Material liefern, mit dem sie das Thema „Verschwindenlassen" und politische Morde aufgreifen und den Machthabern und Entscheidungsträgern ihre Forderungen vortragen können.

Menschenrechtsverletzungen sind weder eine natürliche Folge bestimmter Bedingungen oder Ereignisse, noch sind sie unvermeidlich. Wir können versuchen, eine Welt zu schaffen, in der Regierungen mit ihren Morden nicht mehr davonkommen, in der politische Morde und das „Verschwindenlassen" Ausnahmeerscheinungen werden, die durch öffentliche Empörung und den Druck der internationalen Völkergemeinschaft rasch wieder beendet werden. Wir sind es, die eine „neue Weltordnung" schaffen können, in der grundlegende Menschenrechte für jeden da sind, und nicht mehr nur die Privilegien einer Minderheit. Und damit dieses Ziel nicht Wunschdenken bleibt, müssen wir handeln. Bitte helfen Sie uns dabei, und beteiligen Sie sich an unserer Kampagne.

ANHANG

14-PUNKTE-PROGAMM AMNESTY INTERNATIONALS ZUR VERHINDERUNG VON „VERSCHWINDENLASSEN"

Wenn ein Mensch von staatlichen Organen festgenommen, die Inhaftierung jedoch nicht bestätigt wird und jede Information über Schicksal und Verbleib des Opfers fehlt, spricht man von „Verschwindenlassen". Für die „Verschwundenen" und ihre Familien bedeutet diese schwere Form der Menschenrechtsverletzung unermeßliches Leid. Die Opfer werden von einem auf den anderen Tag aus ihrer Umgebung gerissen und dem Schutz der Gesetze entzogen. Häufig müssen sie Folterungen erleiden; viele tauchen niemals wieder auf. Die Familien werden in quälender Ungewißheit über den Verbleib ihrer „verschwundenen" Angehörigen gelassen. Sie wissen nicht, ob die geliebte Person getötet worden ist oder noch lebt.

Die Vereinten Nationen haben das „Verschwindenlassen" als schwere Menschenrechtsverletzung verurteilt und die systematische Praxis des „Verschwindenlassens" als Verbrechen gegen die Menschlichkeit bezeichnet. Doch noch immer „verschwinden" Jahr für Jahr weltweit Tausende von Menschen, die Zahl derjenigen, über deren Verbleib niemals Rechenschaft abgelegt worden ist, hat eine unvorstellbare Größenordnung erreicht. Es muß unverzüglich gehandelt werden, um weitere Fälle von „Verschwindenlassen" zu verhindern, das Schicksal der bislang „Verschwundenen" aufzuklären und die dafür Verantwortlichen vor Gericht zu stellen und zur Rechenschaft zu ziehen.

amnesty international ruft alle Regierungen auf, das nachfolgende 14-Punkte-Programm zur Verhütung von „Verschwindenlassen" in die Tat umzusetzen. Sie lädt alle betroffenen Personen und Organisationen ein, dieses Programm zu unterstützen und voranzutreiben. Wenn Regierungen die vorgeschlagenen Maßnahmen in ihrer Gesamtheit ergreifen, setzen sie damit ein Zeichen, daß sie gewillt sind, das „Verschwindenlassen" von Menschen zu unterbinden und für die weltweite Beendigung dieser menschenrechtsverletzenden Praxis einzutreten.

1. Offizielle Verurteilung des „Verschwindenlassens"

Die höchsten Vertreter eines jeden Staates sollten ihre bedingungslose Ablehnung des „Verschwindenlassens" deutlich zum Ausdruck bringen. Sie sollten den Angehörigen von Polizei, Militär und anderen Sicherheitskräften unmißverständlich klarmachen, daß das „Verschwindenlassen" von Menschen unter keinen Umständen geduldet wird.

2. Eindeutige Befehlsstrukturen und übergreifende Kontrolle der Sicherheitskräfte

Die für die Sicherheitskräfte Verantwortlichen sind aufgerufen, durch klare Befehle und strikte Kontrolle sicherzustellen, daß niemals mehr Menschen im Gewahrsam der Sicherheitskräfte dem „Verschwindenlassen" zum Opfer fallen. Mit Befehlsgewalt ausgestattete Beamte, die das „Verschwindenlassen" von Personen anordnen oder derartige Praktiken ihrer Untergebenen tolerieren, müssen dafür strafrechtlich zur Verantwortung gezogen werden.

3. Informationspflicht über Verhaftungen und Freilassungen

Über die Festnahme einer Person, ihren Haftort, ihre eventuelle Verlegung oder Freilassung sollten Familienangehörige, Rechtsanwälte und Gerichte unverzüglich und unter Angabe genauer Daten informiert werden. Die Freilassung von Gefangenen sollte in einer Weise erfolgen, die sie nachprüfbar macht und die die weitere Sicherheit der Haftentlassenen gewährleistet.

4. Mechanismen zur Feststellung des Verbleibs und zum Schutz von Gefangenen

Regierungen sind aufgerufen sicherzustellen, daß Familienangehörige und Rechtsanwälte über effiziente Rechtsbehelfe verfügen, die es ihnen ermöglichen, über den Aufenthaltsort von Gefangenen unverzüglich Auskunft einzuholen, die für die Festnahme verantwortliche Behörde auszumachen, die persönliche Sicherheit von Häftlingen einzuklagen und die Freilassung willkürlich festgenommener Personen zu erwirken.

5. Keine geheime Haft

Regierungen sollten sicherstellen, daß Gefangene ausschließlich an öffentlich bekannten Orten in Haft gehalten werden. Es sollten in den einzelnen Haftzentren und an zentraler Stelle Haftregister geführt werden, in die Angehörige von Gefangenen, Rechtsanwälte, Richter, mit der Aufklärung des Verbleibs von Häftlingen befaßte offizielle Stellen und jede andere Person, die ein berechtigtes Interesse geltend macht, Einblick nehmen können. Geheime Haft muß unterbunden werden.

6. Festnahme und Inhaftierung nur durch gesetzlich legitimierte Behörden

Festnahmen und Inhaftierungen sollten nur von Beamten ausgeführt werden, die per Gesetz dazu legitimiert sind. Bei Verhaftungen sollten sie sich gegenüber dem Verdächtigen ausweisen und im Falle der Anwesenheit von Augenzeugen auf Verlangen auch ihnen gegenüber ihre Berechtigung zur Festnahme dokumentieren. Aufgabe der Regierungen ist es, eindeutige Regelungen zu treffen, welche Behörden Festnahme- und Inhaftierungsvollmachten besitzen. Verstöße gegen geltende Vorschriften müssen geahndet werden.

7. Zugang zu Gefangenen

Alle in Haft genommenen Personen sollten unverzüglich den Justizbehörden überstellt werden. Familienangehörige, Rechtsanwälte und Ärzte müssen das Recht besitzen, Gefangene unmittelbar nach ihrer Festnahme und auch anschließend regelmäßig besuchen zu können. In allen Haftorten sollten regelmäßige, unabhängige, unangekündigte und einschränkenden Bedingungen freie Inspektionen stattfinden.

8. Gesetzliches Verbot von „Verschwindenlassen“

Regierungen sollten sicherstellen, daß das „Verschwindenlassen“ als Straftat definiert und entsprechend geahndet wird. Keinesfalls, auch nicht in Fällen eines Krieges oder Notstands, dürfen das Verbot des „Verschwindenlassen“ aufgehoben oder Garantien zur Verhinderung derartiger menschenrechtsverletzender Praktiken außer Kraft gesetzt werden.

9. Individuelle Verantwortlichkeit

Bei der Aus- und Fortbildung von Beamten, die Festnahme- und Inhaftierungsbefugnisse besitzen, sollte das Verbot des „Verschwindenlassens“ angemessenen Stellenwert erhalten. Die Beamten sollten darüber belehrt werden, daß sie das Recht und die Pflicht haben, sich jedweder Aufforderung zur Beteiligung am „Verschwindenlassen“ von Menschen zu widersetzen. Ihnen muß bewußt gemacht werden, daß sie sich im Falle ihrer Verwicklung in das „Verschwinden“ von Personen unter keinen Umständen auf Befehle vorgesetzter Beamter oder staatlicher Behörden berufen können.

10. Unabhängige Untersuchungen

Regierungen sollten sicherstellen, daß sämtliche Beschwerden und Berichte über das „Verschwindenlassen“ von Menschen unparteiisch und wirkungsvoll von einem Gremium untersucht werden, das gegenüber den Adressaten der Vorwürfe Unabhängigkeit besitzt und mit den notwendigen Befugnissen und Mitteln für effiziente Ermittlungen ausgestattet ist. Des „Verschwindenlassens“ verdächtigte Beamte müssen für die Dauer der Ermittlungen vom aktiven Dienst suspendiert werden. Den Familien der Opfer sollten alle für die Untersuchung wichtigen Informationen zugänglich gemacht werden. Sie sollten ihrerseits das Recht besitzen, Beweismittel in die Ermittlungen einzubringen. Es muß dafür Sorge getragen werden, daß Beschwerdeführer, Zeugen, Rechtsanwälte und andere an den Untersuchungen beteiligte Personen vor Einschüchterungsversuchen und Vergeltungsmaßnahmen geschützt sind. Die Ermittlungen müssen konsequent zu Ende geführt werden, bis das Schicksal des Opfers aufgeklärt und von offizieller Seite bestätigt ist.

11. Strafverfolgung der mutmaßlichen Täter.

Regierungen sollten sicherstellen, daß die für das „Verschwindenlassen“ von Menschen Verantwortlichen vor Gericht gestellt werden. Dieses Prinzip muß überall Anwendung finden, unabhängig davon , wo sich die Täter gerade aufhalten mögen, wo das Verbrechen begangen wurde, welcher Nationalität Täter oder Opfer angehören oder wie lange das Verbrechen zurückliegt. Prozesse sollten ausschließlich vor Gerichten der zivilen Justiz geführt werden. Es dürfen keine gesetzgeberischen Maßnahmen getroffen werden, die den Tätern Schutz vor Strafverfolgung gewähren oder ihre Verurteilung verhindern .

12. Entschädigung und Rehabilitation der Opfer

Die Opfer von „Verschwindenlassen“ und deren Familienangehörige sollten gegenüber dem Staat einen Anspruch auf faire und angemessene Wiedergutmachung besitzen, die eine finanzielle Entschädigung einschließt. Für den Fall, daß „Verschwundene" wieder auftauchen, sollte für ihre angemessene medizinische Versorgung oder Rehabilitation gesorgt werden.

13. Ratifizierung und Durchsetzung internationaler Menschenrechtsabkommen

Alle Regierungen sollten internationale Abkommen, die Schutzgarantien und Rechtsbehelfe gegen das „Verschwindenlassen" enthalten, ratifizieren, so beispielsweise den Internationalen Pakt über bürgerliche und politische Rechte und dessen Erstes Fakultativprotokoll, das Individualbeschwerden zuläßt. Die Regierungen sind ferner aufgerufen, für die konsequente Durchsetzung solcher Bestimmungen Sorge zu tragen, beispielsweise für die Beachtung der Deklaration der Vereinten Nationen über den Schutz aller Personen vor gewaltsam verursachtem Verschwinden zu gewährleisten. Sie sollten den Empfehlungen zwischenstaatlicher Organisationen zur Verhütung und Unterbindung von „Verschwindenlassen" Folge leisten.

14. Verantwortung der internationalen Staatengemeinschaft

Regierungen sollten alle ihnen zur Verfügung stehenden Möglichkeiten nutzen, um bei denjenigen Regierungen, aus deren Ländern Berichte über das „Verschwinden" von Menschen bekanntgeworden sind, vorstellig zu werden und Einspruch einzulegen. Sie sollten sicherstellen, daß der Transfer von Ausrüstung, Know-how und Ausbildung für Militär, Polizei und andere Sicherheitskräfte nicht dem „Verschwindenlassen" Vorschub leistet. Regierungen haben schließlich zu gewährleisten, daß keine Person zwangsweise in ein Land zurückgeführt wird, in dem ihr das „Verschwindenlassen" droht.

Das 14-Punkte-Programm wurde von amnesty international im Dezember 1992 als Teil ihrer Kampagne zur Verhinderung des „Verschwindenlassens" verabschiedet. Es existieren ähnliche Programme zur Abschaffung der Folter und zur Beendigung extralegaler Hinrichtungen.

AMNESTY INTERNATIONALS 14-PUNKTE-PROGRAMM ZUR VERHINDERUNG EXTRALEGALER HINRICHTUNGEN

Extralegale Hinrichtungen sind ein fundamentaler Angriff auf die Menschenrechte. Sie verstoßen gegen das menschliche Gewissen. Die Vereinten Nationen haben derartige willkürliche und vorsätzliche Tötungen, ausgeführt auf Anordnung, unter Beteiligung oder mit Duldung von Regierungen, verurteilt. Dennoch sind extralegale Hinrichtungen für die Menschen in weiten Teilen der Welt nach wie vor eine tagtägliche bedrückende Realität.

Viele der Opfer extralegaler Hinrichtungen waren zuvor in Haft genommen oder von ihren Familien als „verschwunden" gemeldet worden. Einige wurden in ihren Häusern oder im Zuge militärischer Operationen getötet, andere fielen Attentaten durch uniformierte Sicherheitskräfte oder mit offizieller Billigung operierender „Todesschwadronen" zum Opfer. Wieder andere wurden während friedlicher Demonstrationen vorsätzlich und willkürlich erschossen.

Die Verantwortung von Regierungen für extralegale Hinrichtungen wird nicht dadurch geschmälert, daß bewaffnete Oppositionsgruppen ähnlich verabscheuungwürdige Verbrechen begehen. Es muß unverzüglich gehandelt werden, um extralegale Hinrichtungen zu unterbinden und die dafür Verantwortlichen vor Gericht zu stellen und zur Rechenschaft zu ziehen.

amnesty international ruft die Regierungen der Welt auf, das nachfolgende 14-Punkte-Programm zur Verhinderung extralegaler Hinrichtungen in die Tat umzusetzen. Sie lädt alle betroffenen Personen und Organisationen ein, dieses Programm zu unterstützen und voranzutreiben. Wenn Regierungen die vorgeschlagenen Maßnahmen in ihrer Gesamtheit ergreifen, setzen sie damit ein Zeichen, daß sie gewillt sind, extralegale Hinrichtungen zu unterbinden und für die weltweite Beendigung dieser menschenrechtsverletzenden Praxis einzutreten.

1. Offizielle Verurteilung extralegaler Hinrichtungen

Die höchsten Vertreter eines jeden Staates sollten ihre bedingungslose Ablehnung extralegaler Hinrichtungen deutlich zum Ausdruck bringen. Sie sollten den Angehörigen von Polizei, Militär und anderen Sicherheitsdiensten unmißverständlich klarmachen, daß extralegale Hinrichtungen unter keinen Umständen geduldet werden.

2. Eindeutige Befehlsstrukturen und übergreifende Kontrolle der Sicherheitskräfte
Die für die Sicherheitskräfte Verantwortlichen sind aufgerufen, durch klare Befehle und strikte Kontrolle sicherzustellen, daß Sicherheitskräfte keine extralegalen Hinrichtungen begehen. Beamte, die extralegale Hinrichtungen anordnen oder derartige menschenrechtsverletzende Praktiken ihrer Untergebenen tolerieren, müssen dafür strafrechtlich zur Verantwortung gezogen werden.

3. Strikte Begrenzung des Einsatzes von Gewalt
Regierungen sollten sicherstellen, daß Beamte mit Polizeibefugnissen Gewalt nur dann anwenden, wenn dies unbedingt erforderlich ist, und auch dann soll die Gewaltanwendung so gering wie möglich sein. Tödliche Gewalt darf als äußerste Maßnahme nur dann eingesetzt werden, wenn sie notwendig ist, um andere Menschenleben zu schützen.

4. Verbot von „Todesschwadronen"
„Todesschwadronen", Privatarmeen, kriminelle Banden und paramilitärische Kräfte, die außerhalb der regulären Befehlsstrukturen, aber mit offizieller Unterstützung oder Billigung operieren, müssen verboten und aufgelöst werden. Für extralegale Hinrichtungen verantwortliche Angehörige solcher Gruppen sollten vor Gericht gestellt und zur Rechenschaft gezogen werden.

5. Schutz gefährdeter Personen
Regierungen sind aufgerufen, für einen wirksamen Schutz aller von extralegalen Hinrichtungen bedrohten Personen, insbesondere jenen, die Todesdrohungen erhalten haben, Sorge zu tragen.

6. Keine geheime Haft
Regierungen sollten sicherstellen, daß Gefangene ausschließlich an öffentlich bekannten Orten in Haft gehalten und daß Familienangehörige, Rechtsanwälte und Gerichte unverzüglich unter Angabe präziser Daten über Verhaftungen und Inhaftierungen informiert werden. Geheime Haft muß unterbunden werden.

7. Zugang zu Gefangenen
Alle in Haft genommenen Personen sollten unverzüglich den Justizbehörden überstellt werden. Familienangehörige, Rechtsanwälte und

Ärzte müssen das Recht besitzen, Gefangene unmittelbar nach ihrer Festnahme und anschließend regelmäßig zu besuchen. In allen Haftorten sollten regelmäßige, unabhängige, unangekündigte und von einschränkenden Bedingungen freie Inspektionen stattfinden.

8. Gesetzliches Verbot extralegaler Hinrichtungen
Regierungen sollten sicherstellen, daß extralegale Hinrichtungen als Straftat definiert sind und entsprechend der Schwere der Tat geahndet werden. Keinesfalls, auch nicht in Fällen eines Krieges oder Notstands, dürfen das Verbot extralegaler Hinrichtungen aufgehoben oder Garantien zur Verhinderung derartiger menschenrechtsverletzender Praktiken außer Kraft gesetzt werden.

9. Individuelle Verantwortlichkeit
Bei der Aus- und Fortbildung von Beamten, die Festnahme- und Inhaftierungsbefugnisse besitzen oder zur Anwendung staatlicher Gewalt ermächtigt sind, sollte das Verbot extralegaler Hinrichtungen angemessenen Stellenwert erhalten. Die Beamten sollten darüber belehrt werden, daß sie das Recht und die Pflicht haben, sich jeder Aufforderung zur extralegalen Hinrichtung zu widersetzen. Ihnen muß bewußt gemacht werden, daß sie sich im Falle ihrer Beteiligung an extralegalen Hinrichtungen unter keinen Umständen auf Befehle vorgesetzter Beamter oder staatlicher Behörden berufen können.

10. Unabhängige Untersuchungen
Regierungen sollten sicherstellen, daß sämtliche Beschwerden und Berichte über extralegale Hinrichtungen umgehend, unparteiisch und wirkungsvoll von einem unabhängigen Gremium untersucht werden, das mit den notwendigen Befugnissen und Mitteln für wirksame Ermittlungen ausgestattet ist. Die Ermittlungsmethoden und -ergebnisse müssen offengelegt werden. Die Leichen mutmaßlicher Opfer extralegaler Hinrichtungen dürfen erst dann zur Beisetzung freigegeben werden, wenn ein sachverständiger Arzt, dessen Unparteilichkeit gewährleistet sein muß, eine Obduktion vorgenommen hat. Beamte, die extralegaler Hinrichtungen verdächtigt werden, müssen für die Dauer der Ermittlungen vom aktiven Dienst suspendiert werden. Den Familien der Opfer sollten alle für die Untersuchung notwendigen Informationen zugänglich gemacht werden. Sie sollten ihrerseits das Recht besitzen, Beweismittel in die Ermittlungen einzubringen und

bei der Autopsie anwesend zu sein, einen Arzt eigener Wahl mit der Obduktion zu beauftragen oder dessen Anwesenheit bei der Obduktion zu erwirken. Es muß dafür Sorge getragen werden, daß Beschwerdeführer, Zeugen, Rechtsanwälte und andere an den Untersuchungen beteiligte Personen vor Einschüchterungsversuchen und Vergeltungsmaßnahmen geschützt sind.

11. Strafverfolgung der mutmaßlichen Täter
Regierungen sollten sicherstellen, daß die für extralegale Hinrichtungen Verantwortlichen vor Gericht gestellt werden. Dieses Prinzip muß überall Anwendung finden, ganz gleich, wo sich die Täter gerade aufhalten mögen, wo das Verbrechen begangen wurde, welcher Nationalität Täter oder Opfer angehören oder wie lange das Verbrechen zurückliegt. Prozesse sollten ausschließlich vor Gerichten der zivilen Justiz geführt werden. Es dürfen keine gesetzgeberischen Maßnahmen getroffen werden, die den Tätern Schutz vor Strafverfolgung gewähren oder ihre Verurteilung vereiteln.

12. Entschädigung der Familien der Opfer
Die Familien der Opfer extralegaler Hinrichtungen sollten gegenüber dem Staat einen Anspruch auf faire und angemessene Wiedergutmachung besitzen, die eine finanzielle Entschädigung einschließt.

13. Ratifizierung und Durchsetzung internationaler Menschenrechtsabkommen
Alle Regierungen sollten internationale Abkommen, die Schutzgarantien und Rechtsbehelfe gegen extralegale Hinrichtungen enthalten, ratifizieren, so beispielsweise den Internationalen Pakt über bürgerliche und politische Rechte und dessen Erstes Fakultativprotokoll, das Individualbeschwerden zuläßt. Die Regierungen sind ferner aufgerufen, für die konsequente Durchsetzung solcher und anderer relevanter Bestimmungen Sorge zu tragen, beispielsweise die Beachtung der von den Vereinten Nationen verabschiedeten Grundsätze für die wirksamen Verhütung und Untersuchung von außergesetzlichen, willkürlichen und summarischen Hinrichtungen zu gewährleisten. Sie sollten dem Empfehlungen zwischenstaatlicher Organisationen zur Verhütung und Unterbindung extralegaler Hinrichtungen Folge leisten.

14. Verantwortung der internationalen Staatengemeinschaft
Regierungen sollten alle ihnen zur Verfügung stehenden Möglichkeiten nutzen, um bei denjenigen Regierungen, aus deren Ländern Berichte über extralegale Hinrichtungen bekanntgeworden sind, vorstellig zu werden und Einspruch einzulegen. Sie sollten sicherstellen, daß der Transfer von Ausrüstung, Know-how und Ausbildung an Militär, Polizei und andere Sicherheitskräfte nicht extralegalen Hinrichtungen Vorschub leistet. Regierungen haben schließlich zu gewährleisten, daß keine Person zwangsweise in ein Land zurückgeführt wird, in dem ihr die extralegale Hinrichtung droht.

Das 14-Punkte-Programm wurde von amnesty international im Dezember 1992 als Teil ihrer weltweiten Kampagne zur Verhinderung extralegaler Hinrichtungen verabschiedet. Es existieren ähnliche Programme zur Abschaffung der Folter und zur Beendigung des „Verschwindenlassens" von Menschen.

VERÖFFENTLICHUNGEN VON UND FÜR AMNESTY INTERNATIONAL

AI – ALLGEMEIN

amnesty international – Jahresbericht 1993
(Fischer TB 11690), 624 S., Juli 1993
(ai-Best.-Nr. 50900), DM 15,90

Eine Information über amnesty international
72 S., (ai-Best.-Nr. 51012), DM 4,00

amnesty international –
Menschenrechte vor der Jahrtausendwende
Hrsg. H. Bielefeldt, V. Deile, B. Thomsen (Fischer TB 11691), 253 S., Juni 1993 (ai-Best.-Nr. 66000), DM 13,90

amnesty international – Der regionale Menschenrechtsschutz in Afrika, Amerika und Europa
(Fischer TB 4281), 296 S., August 1988
(ai-Best.-Nr. 50002), DM 16,80

Allgemeine Erklärung der Menschenrechte
Broschüre, 21 S. (ai-Best.-Nr. 50010), DM 0,50

FOLTER, TODESSTRAFE, STAATLICHER MORD

amnesty international – „Wer der Folter erlag ...“
(Fischer TB 3448), 336 S., Februar 1985
(ai-Best.-Nr. 63001), DM 9,80

amnesty international –
Die Psychologie der Folter
Gustav Keller, (Fischer TB 3441), 112 S., November 1981
(ai-Best.-Nr. 63000), DM 8,80

Standesregeln – eine Strategie, Folter undenkbar zu machen
Broschüre, 40 S., März 1984 (ai-Best.-Nr. 77012), DM 2,00

amnesty international –
Politischer Mord durch Regierungen
(Fischer TB 3447), 160 S., August 1983
(ai-Best.-Nr. 60000), DM 7,80

amnesty international – Wenn der Staat tötet.
Todesstrafe contra Menschenrechte
(Fischer TB 4294), 486 S., Mai 1989
(ai-Best.-Nr. 62001), DM 12,80

Ein Mensch weniger.
Ein Lesebuch gegen die Todesstrafe, 240 S., 37 Abb.,
überarb. Aufl., November 1991 (ai-Best.-Nr. 62002), DM 9,80

KINDER

Menschenrechtserklärung für Kinder
Illustrierte Ausgabe mit erklärenden Texten,
32 S., Oktober 1988 (ai-Best.-Nr. 50011), DM 4,00

Kinder als Opfer politischer Gewalt
Broschüre, 16 S., Oktober 1988 (ai-Best.-Nr. 60010), DM 3,00

„Jugendliche im Gefängnis“
Malaktion von amnesty international, DuMont Verlag, 96 S., 148 farbige Abb. (ai-Best.-Nr. 52001), DM 24,00

TASCHENBÜCHER

DDR – Rechtsprechung hinter verschlossenen Türen
3. Auflg. mit aktuellem Vorwort, 136 S., November 1992 (ai-Best.-Nr. 32302), DM 8,00

amnesty international – Todesstrafe in den USA
(Fischer TB 4289), 270 S., April 1989
(ai-Best.-Nr. 15102), DM 12,80

Sri Lanka – ein zerrissenes Land
88 S., 27 Abb., September 1990 (ai-Best.-Nr. 23700), DM 4,00

Myanmar – ein Land kämpft für Demokratie
112 S., 35 Abb., November 1990 (ai-Best.-Nr. 21600), DM 4,00

Afrika – auf dem Weg zur Abschaffung der Todesstrafe
80 S., 17 Abb., September 1991 (ai-Best.-Nr. 00100), DM 5,00

Indien – Folter, Vergewaltigung, Todesfälle in Haft
168 S., zahlr. Abb., März 1992 (ai-Best.-Nr. 22000), DM 8,00

Frauen im Blickpunkt –
Zwischen Auflehnung und politischer Verfolgung
144 S., zahlr. Abb., 2., überarb. Aufl. März 1993
(ai-Best.-Nr. 78000), DM 8,00

FOTOAUSSTELLUNGEN

Kolumbien
14 Blätter, 70 x 100 cm, s/w, Fotos und Texte
(ai-Best.-Nr. 12340), DM 70,00

China – Menschenrechtsverletzungen mit System
24 Blatt, DIN A4, s/w, Mai 1990 (ai-Best.-Nr. 21740), DM 20,00

Peru
19 Fotos und eine Texttafel, DIN A 3, s/w, 1991 (ai-Best.-Nr. 14640), DM 30,00

Wer ihr Land nimmt, zerstört ihr Leben
Menschenrechtsverletzungen an indigenen Völkern. 17 Blatt (Fotos und Texte), DIN A 3, s/w, April 1991 (ai-Best.-Nr. 68040), DM 60,00

Indien
16 Fotos und Texte, DIN A 3, s/w, März 1992 (ai-Best.-Nr. 22040), DM 30,00

Für die Menschenrechte amerikanischer Ureinwohner
20 Fotos und Texte, DIN A3, s/w, 1992 (ai-Best.-Nr. 68041), DM 30,00

Auslöschen könnt ihr sie nicht. Kampagne gegen Verschwindenlassen und politischen Mord
16 Blatt, DIN A1, s/w, Oktober 1993 (ai-Best.-Nr. 61040), DM 30,00

POSTKARTEN

Briefkarten Picasso/Schug
je 5 Motive mit 10 Umschlägen (ai-Best.-Nr. 90000), DM 5,00

Briefkarten Picasso
10 Stück mit Umschlägen (ai-Best.-Nr. 90002), DM 5,00

Postkartenset „Jugendliche im Gefängnis"
8 Motive (ai-Best.-Nr. 90003), DM 6,00

Auslöschen könnt ihr sie nicht. Kampagne gegen Verschwindenlassen und politischen Mord
10 Stück, s/w, (ai-Best.-Nr. 90004), DM 5,00

SCHALLPLATTEN

„Festival Lateinamerika“
Benefiz-Schallplatte für ai (ai-Best.-Nr. 90042), DM 22,00

„Brendel spielt Liszt, Berg, Busoni“
Benefiz-Schallplatte für ai (ai-Best.-Nr. 90040), DM 25,00; dito Musikkassette (ai-Best.-Nr. 90041, DM 25,00

„Klassik für Menschenrechte“ – Bach, „Kaffeekantate” u.a.
Benefiz-CD für amnesty international und andere Menschenrechtsorganisationen (ai-Best.-Nr. 90043), DM 28,00

AUTOAUFKLEBER

„Kette“
9,5 x 17 cm, s/w (ai-Best.-Nr. 91012), DM 1,00

„amnesty international“
10 cm, rund, orange/schwarz (ai-Best.-Nr. 91013), DM 1,00

ADRESSEN DER AI-BÜROS IN DER BUNDESREPUBLIK DEUTSCHLAND

ai-Büro Aachen
Adalbertsteinweg 123
52070 Aachen
Tel.: (02 41) 51 36 53

ai-Büro Augsburg
Oberer Graben 39
86152 Augsburg

ai-Büro
Bergisches Land
Hünefeldstr. 90
42285 Wuppertal
Tel.: (02 02) 8 74 21

ai-Büro Berlin
Pacelliallee 61
14195 Berlin
Tel.: (0 30) 8 31 10 46

ai-Büro Bielefeld
Jöllenbecker Str. 103
33613 Bielefeld
Tel.: (05 21) 17 82 03

ai-Büro Bonn
Hausdorffstr. 160
53129 Bonn
Tel.: (02 28) 23 01 30

ai-Büro Bremen
Goetheplatz 4
28203 Bremen
Tel.: (04 21) 32 79 37

ai-Büro Dortmund
Grisarstraße 2
44147 Dortmund
Tel.: (02 31) 83 67 11

ai-Büro Düsseldorf
Tersteegenstr. 62
40474 Düsseldorf
Tel.: (02 11) 4 38 09 15

ai-Büro Frankfurt
Vogelsbergstr. 36
60316 Frankfurt
Tel.: (0 69) 49 61 49

ai-Büro Hamburg
Amandastr. 34
20357 Hamburg
Tel.: (0 40) 4 39 24 05

ai-Büro Hannover
Fraunhoferstr. 15
30163 Hannover
Tel.: (05 11) 66 72 63

ai-Büro Jena
Unterm Markt 13
07743 Jena
Tel. (0 36 41) 2 37 98

ai-Büro Karlsruhe
Gartenstr. 62
76135 Karlsruhe
Tel.: (07 21) 84 55 52

ai-Büro Kiel
Bremer Str. 2
24118 Kiel
Tel.: (04 31) 8 69 88

ai-Büro Köln
Domstr. 56
50668 Köln
Tel.: (02 21) 12 14 15

ai-Büro Leipzig
Gießerstr. 63
50668 Leipzig
Tel. (03 41) 47 51 10

ai-Büro Mainz-Wiesbaden
Dagobertstraße 14
55116 Mainz
Tel.: (0 61 31) 23 35 60

ai-Büro Mannheim
Augusta-Anlage 53
68165 Mannheim
Tel.: (06 21) 41 59 61

ai-Büro München
Leonrodstraße 19/1
80643 München
Tel.: (0 89) 16 54 12

ai-Büro Münster
Achtermannstr. 10-12
48143 Münster
Tel.: (02 51) 4 73 02

ai-Büro Nordwürttemberg
Hauptstätter Str. 51
70182 Stuttgart
Tel.: (07 11) 23 36 53

ai-Büro Rostock
Haus der Demokratie
Gerberbruch 13a-15
18055 Rostock
Tel. (03 81) 2 50 75

ai-Büro Reutlingen/Tübingen
Planie 20
72764 Reutlingen
Tel.: (07121) 41060

ai-Büro Ulm
Ensinger Str. 21
89073 Ulm/Donau
Tel.: (0731) 63662

ai-Büro Würzburg
Eichhornstr. 13 1/2
97070 Würzburg
Tel.: (0931) 14567

amnesty international
Österreichische Sektion
Wiedner Gürtel 12/7
A-1040 Wien

amnesty international
Schweizer Sektion
Postfach 1051
CH-3001 Bern